U0518372

丛书编委会

总　策　划：米新国　王文成

编委会主任：郭齐勇　周晓亮

编　　　委：来新国　陈知涯　张　彧　尹格韬　沈　众

王文成　孟淑贤　周长志　罗养毅　秦　丹

乌　琛

大家精要
典藏版丛书

简读 吕留良

徐宇宏 著

陕西师范大学出版总社　西安

图书代号　SK24N1881

图书在版编目(CIP)数据

简读吕留良 / 徐宇宏著 . — 西安：陕西师范大学出版
总社有限公司，2024.11
　（大家精要：典藏版 / 郭齐勇，周晓亮主编）
　ISBN 978-7-5695-4230-1

　Ⅰ . ①简… Ⅱ . ①徐… Ⅲ . ①吕留良（1629-1683）—
人物研究　Ⅳ . ① K825.1

中国国家版本馆 CIP 数据核字（2024）第 028135 号

简读吕留良
JIAN DU LÜ LIULIANG

徐宇宏　著

出 版 人	刘东风
策划编辑	刘　定　陈柳冬雪
责任编辑	陈君明
责任校对	陈柳冬雪
封面设计	龚心宇　张潇伊
出版发行	陕西师范大学出版总社
	（西安市长安南路 199 号　邮编 710062）
网　　址	http://www.snupg.com
印　　刷	深圳市福圣印刷有限公司
开　　本	889 mm×1194 mm　1/32
印　　张	6.25
插　　页	4
字　　数	113 千
版　　次	2024 年 11 月第 1 版
印　　次	2024 年 11 月第 1 次印刷
书　　号	ISBN 978-7-5695-4230-1
定　　价	49.00 元

读者购书、书店添货或发现印装质量问题，请与本公司营销部联系、调换。
电话：（029）85307864　85303629　　传真：（029）85303879

目录

第 1 章

家世与生平

明末清初是中国社会大变动的时代。吕留良正是生活在这个时期。他从明末的仕宦之家，到散家结客投入抗清斗争；从惨淡回乡，落寞不振，到参加清廷科考成为生员，每试则冠军，引人注目，却又突然弃去功名；从无聊时应朋友之邀参与时文评选，到成为著名时文选家，"天盖楼"选本风行天下；从一个严守儒家圭臬，力辟佛老二氏的学者，最终却削发为僧，隐遁空门……他虽然只活了五十五岁，却经历了丰富多彩、跌宕曲折的一生。

浙西望族　荣耀乡里

诗画江南，山水浙江。一条钱塘江大体上把整个浙江分为浙东浙西两部分，俗称"两浙"。唐代浙江分为浙江西道、东道，宋代改称浙江西路、东路，到清代有了"浙西""浙东"的称谓。浙西设杭州、嘉兴、湖州三府，浙东设宁波、绍兴、台州、金华、衢州、严州、温州、处州八府。吕留良出生时是明代，出生地为崇德县。到清代崇德县改称石门县，现石门县已改称桐乡市。

吕家世居崇德，族人众多。吕留良的高祖吕淇，因为儿子为朝廷捕盗有功，被封为锦衣卫副千户、武略将军。吕淇有两个儿子，长子吕樘，字廷懋，号闲云，任锦衣卫校尉，后因捕盗功，历升锦衣卫副千户；次子吕相，字廷贤，号种云，历任鄱阳县主簿、瓯宁县主簿，后擢升为沔阳州通判。吕相就是吕留良的曾祖父。到吕相这一支，吕家靠家族世代经商以及后来投资到土地上，累积财富，已经成为乡里豪富之家，据说财富达到"盛至倾邑"的规模。明嘉靖十八年（1539），嘉靖皇帝到湖北拜谒生父的陵墓，谣传要巡幸浙江。为了迎接圣驾，要整治开辟官道、疏通河道、募集车船、准备粮草等。这需要很大的一笔开销。浙江地方官员下令各地富有的人家拿钱财捐助以补地方财政之不足，胆敢隐匿财产的治死罪。一时浙中人心惶惧，作为崇德富户的吕相尤为不安。幸亏当时贤明的崇德知县喻冲把这事给顶了回去，才使得吕家免遭一场破财败家的大灾殃。嘉靖三十四年，倭寇进逼崇德县，吕相拿出自家的粮食三巨艘来犒赏抗倭的军队。第二年，崇德县又遭受倭寇洗劫，后官员、富商大贾商议加筑城池，吕相又被摊派捐出修缮费的半数多。还好吕相的次子吕炯中了举人，吕相的困境才稍稍得到缓和。因为在封建时代，只有家族中有人考上功名，或者有人有官职才能在徭役摊派上享受到减轻或免除的特权。

吕相有三个儿子：长子吕焕，字尧文，号养心；次子吕炯，字心文，号雅山；三子吕熿，字南文，号心源。吕焕曾做过保定县知县、湖广辰州府通判，后升任山西行太仆寺寺丞。吕炯中举后，曾任泰兴县知县。吕熿即吕留良的祖父。十二岁那年春，吕熿跟随父亲吕相在鄱阳主簿任上。有一天傍晚吕熿放风筝玩，不小心弄断了风筝线，风筝便随风飘落到淮庄王府院里去了。正好那天淮庄王在后花园举行宴会，见有风筝落入园中，搅了雅兴，很恼火，命人马上缉拿放风筝的人。吕相不敢包庇藏匿自己的儿子，只好将吕熿送到王府。恰好那段时间淮庄王正在为长女选女婿，总没有上好的人选。他见吕熿一表人才，而且应对从容凝重，便很是喜欢。于是，不再问罪，立马释放，且将女儿许配给了吕熯。过了几年，吕熯奉旨与淮庄王朱祐楑的长女南城郡主完婚，且受册封成了淮王府的仪宾中奉大夫。这样，在崇德乡间都称吕家为"吕驸马家"。

到吕留良的祖父这一辈，吕家家势大为兴盛。吕焕、吕炯等的传记、行状、墓志铭，都出自万历间名家的手笔。比如当时的诗文名家冯梦桢就为吕焕作传，为吕炯作行状，为吕熯作墓志铭；王世贞为吕炯作墓志铭；黄洪宪为吕焕作墓表。吕焕兄弟虽然官做得不高，但都颇有政声。吕焕当保定知县时组织抵抗北虏抢掠，之后又拿出自己的俸禄，倡导官民一起修筑保定城池，当地百姓都很感念他的恩德，为他立祠纪念。吕炯在泰兴知县任上，尽力罢停漕运改道之议，泰兴百姓因此避免了很多徭役税赋。而且他们在致仕归家后，对乡里乡亲也是多慷慨帮衬。吕焕为同族兄弟出资千金来免除官府对族弟的处罚。另有一族弟在京城病故，因为贫困不能归葬家乡，吕炯就出钱帮助归葬，还抚恤他的遗孀和遗孤。还有一次，吕炯乘船渡湖时，突然风浪大作，同在湖中的很多船都翻转沉没了，吕炯所乘的船幸免。他当即把自己行囊中带的钱拿出来，买小船去救那些落水者，救了很多人，他也不留姓名就离开了。又有一年发大水，冲毁了南门外的堤堰，为修筑堤堰，吕炯带头捐出百金。另外吕焕兄弟还出资修缮祖墓、兴建宗祠，捐田若干亩作为祭祀费用的来源，每年让一个吕氏子孙来轮流管理。又考虑到乡里徭役繁重，吕焕兄弟带头捐出良田，倡导设置役田，每年收获数百石粮食，可以根据各家徭役轻重给予帮助，为乡亲减轻负担。而且吕氏兄弟间扶持照应，孝悌有加。吕焕致仕归家后，筑"寿山堂"颐养父母。因为父亲吕相喜欢结交朋友，经常在家中饮宴，吕焕就率领弟弟们承办酒鲜，伺候父亲，招待宾客。吕炯对待大哥吕焕也如同对父亲一样恭敬，家政事务都听从大哥的意见，而有麻烦事情却都独自担当。因此吕家得到各方尊崇，浙江地方官还曾表彰吕家是"孝友敦义"之家，表彰吕家世居地方是"善人里"。

按照明朝礼制，娶了郡主这样的皇家宗室之女，吕熿便不能像老百姓那样带着媳妇回乡生活，只能算是入赘在淮王府邸。吕熿只有每年一次回崇德家乡探亲，可以侍奉父母起居。明朝嘉靖皇帝晚年多次大兴土木，大司农金钱匮乏不支，吕熿于嘉靖四十年辞去皇家岁禄四百石，将钱粮用来资助皇帝大工之费，朝廷因此对他有"辞禄好礼"的褒奖。后来，父亲吕相病逝，吕熿因为在淮王府邸来不及归家，没有能够侍奉汤药，也没有能够亲视含殓，心中十分悲痛，便和郡主商议说："作为儿子，不能在父母生时奉养，病时照料，死时送终，真是不孝的大罪过啊。现在父亲没了，但母亲还健在，如果可以回家侍奉母亲的话，还可以全尽作为人子的孝道，可以赎一赎我的罪过。"于是，南城郡主也请辞去岁禄四百石，乞求皇恩准许偕同吕燧归养崇德。淮庄王开始觉得这事难办，因为没有先例。郡主再三恳求，淮王没办法，说："我觉得这事很难被批准，不过我代为上奏朝廷看看，好让你们甘心。"上奏朝廷之后，下发礼部商议裁定。当时的礼部主管官员正忧心于明末宗室姻亲越来越繁多，每年米禄开销巨大，各地经常钱粮都难以为继，想着能否改革法度以便利公私，这时得到淮王府来的奏疏很高兴，马上复奏给皇帝，建议应该褒许此举以风化天下。皇帝同意，下诏批准。明隆庆五年（1571）吕燧偕郡主返乡，归养崇德。这成为吕家最大的荣耀。所谓有明二百余年以来尚主回籍者第一人就是吕燧，县乡邑里都以之为荣。吕燧在家中修筑了"许归堂"，一来记诵皇恩，二来光耀吕家门楣，吕家也因此一时荣耀乡里。

吕燧回乡后，也乐善好施，讲究节义。他曾经捐出田地五十多亩，籍于学官，用来供给贫困的学子读书。又将自家的房子捐出五间帮助改扩建教谕衙门。对两位兄长更是尊敬友爱，经常把自己的私产钱财用来帮助兄长们料理事端，解决纷扰。在家训导子姓读书勤俭，对那些服饰饮食稍微奢华的子弟后辈，即加以劝诫。在乡不结客，也不谢客，但与相知旧友无论升沉贫富又都肝胆相照。天气好的时节约集朋友到自家"荫芳园"饮酒谈天，从来也不谈别人的过错短处，大家都称他是忠厚长者。吕燧经常被推举为乡饮祭酒。吕燧八十寿辰之际，崇德县令陈允坚还亲自到吕家为他预祝，亲朋好友和四方之客相继来祝贺，赠送的匾额挂满了厅堂四壁。第二年，儿子吕元学考中举人，更增添家中喜庆荣耀。再过一年，吕燧去世，享年八十一岁，这在古代算得上是高寿了。乡里都称颂吕家是积善余庆之家。吕燧有两个儿子，吕元学和吕元肇。他们都是庶出，南城郡主却都视如己出，而且尤其疼爱长子吕元学。这吕元学便是吕留良的生父。

俗语说"不孝有三，无后为大"。因为在封建时代燧只有儿子才能作为继承人，没有儿子就是所谓的绝后，是万万不能的。当南城郡主自己生养的儿子夭折后，她就积极地为自己的丈夫吕燧物色添置了好几个小妾，却也都没有能够生养儿子。南城郡主便又劝说吕燧在距淮王府千里之外的崇德家乡娶了偏房沈氏，后又娶了唐氏，使得吕燧每年回乡探亲时有人照料而且可以得子嗣。南城郡主因此博得了贤良淑德的美誉。吕元学便是侧室沈氏所生，但和南城郡主感情很好。

吕留良的生父吕元学，字聚之，号澹津，万历二十八年（1600）顺天乡试举人。他曾任繁昌县知县，在任上为当地造福良多，受到百姓爱戴，繁昌县人给他建生祠，四时八节都去祭祀。致仕归家后，吕元学与亲朋友善，周济贫病，照顾鳏寡。有一年闹饥荒，依靠吕元学的施舍接济救了不少乡邻，所以他死后被供奉在乡贤祠中，接受后人四时不绝的香火祭拜。这在封建时代是很高的荣誉。吕元学有五个儿子：大良、茂良、愿良、瞿良、留良。吕留良是最小的一个。

生途多舛　聪慧超群

吕留良，字庄生，号东庄。又名光轮（一作光纶），字用晦，号晚村。别号耻翁、耻斋老人、南阳布衣、吕医山人、南阳村白衣人。明崇祯二年（1629）正月二十一日，出生于浙江嘉兴府崇德县登仙坊之里第。吕留良是个遗腹子，在他出生前四个月，生父吕元学就已经去世。吕留良平生每每念及没能见过生父时，都要呜咽流涕。他的母亲杨氏是其生父的侧室，生吕留良时，年二十四岁。吕留良一出生在襁褓中就要披麻戴孝为父亲服丧，生母杨氏更是抱着他哭泣，几次晕厥过去。吕留良生而失怙，所以由三兄愿良夫妇抚养。而他三岁时，三嫂又去世了，恰这时吕家大房吕焕的儿子吕元启老而无子，吕氏家族便决定将吕留良过继给吕元启。接下来几年间，吕元启、吕元启的夫人、吕元启的母亲相继去世，也就是吕留良的嗣父、嗣母和嗣祖母相继去世，吕留良作为嗣子也要为他们戴孝服丧。当他十三岁时，生母杨氏又去世。这样，吕留良从出生一直到十三岁经历了多位亲人的逝去，几乎是在不间断地服丧当中。别的小孩子觉得穿花色鲜艳的衣服和漂亮的鞋子是很平常的事，而吕留良却会觉得像穿皇帝的龙袍和靴子一样那么难得，这对一个孩子来说确实是非常孤苦凄凉的。虽然幼年丧父，少年丧母，但在整个吕氏家族的关爱和照应下，主要是在三哥吕愿良的抚养下，吕留良还是得以顺利地成长。所以吕留良对他的三哥非常尊敬，是把三哥当作"严父"一样来看待的，感情十分深厚。

吕留良从小就非常聪慧，颖悟绝人，读书三遍就能背诵不忘。长到八岁时，就已经很会作文章了，而且所写文章造语奇伟，光芒四射，迥出天表，大家都称他是神童。

明朝中后期，江浙间文人结社相当普遍，或结成诗社，或结成文社。崇祯十一年，吕留良的三哥吕愿良集合南浙十多个郡县的文人雅士千余人结为澄社，与吴中地区的应社、复社、几社声气交接，遥相呼应，为东林之后尘。澄社创建后经常征会四方，名士豪杰云集，声名盛极一时，吕留良也因此浸染于集会名士之中，深受以文会友风气的影响。后来，因为吕愿良接受朝廷征召，北上京师，所以澄社不再征会四方。到了崇祯十四年，同乡名士孙爽在崇德崇福禅院和十几个文士创建征书社，当时吕留良十三岁，征书社的文人都说他只不过是个小孩子而已，不把他当回事。但孙爽看到吕留良写的文章后，却非常惊叹，很赞赏，说："能写这样文章的人岂不是我的畏友！"还拉他与自己同席而坐，而且说能否成为朋友并非以年龄大小而论，于是邀请吕留良和吕愿良之子吕宣忠共同入社。在征书社中，吕留良还结识了在他以后的人生中很重要的一个人物，就是后来邀约他一起评选时文的陆文霦。因为吕宣忠是孙爽的学生，又是吕留良的侄子，从此，吕留良也就经常到孙爽坐馆教书的荒园水阁去，大家一起研习文武，相互"论列古今"，对当世政局和国家事务谋虑擘画，慷慨明了，树立起"以天下为己任"的大志。吕留良臂力巨大，能弯五石弧，而且每次都能命中目标。吕留良十分推崇孙爽的人品，说他是"重志节，能文章，好古负奇者"，就是说孙爽为人有志气而且注重品节，有才学文章作得又好，是崇尚古圣贤风范的奇人。二人心气相通，互相引以为知己，结为忘年之交。

吕留良这时就已经读朱熹的《四书集注》，开始有了尊信朱熹的见解。他的姐夫朱声始又对他从旁诱导，对他很有影响。有一天，吕留良在花坛间蹦跳玩耍，忽然抬起头对姐夫朱声始说："今人都崇尚王阳明的学说而诋毁朱子的学说。但是我读了《四书集注》，却觉得朱子学说和圣人说法是相合的。"朱声始听了，非常惊异，赞叹道："这孩子这么聪明！"同时也勉励吕留良，说："你还需要认真读书，要沉潜其中才可能有所心得，不能自以为是，太过骄傲。"这时，吕留良才十三岁。接下来两年里，吕留良跟随亲友读书学习，也参与书社活动，生活安定平静。"征书社"在崇祯十五年开始选刻时文行世。而这两年的大明王朝却十分不平静，清兵在北方，攻陷明王朝很多郡县；李自成在西部攻陷潼关，挥师进逼北京。

国变家危　更名科考

崇祯十七年（1644）三月，李自成攻陷北京，明思宗朱由检自缢，明朝灭亡。四月，清兵入关。这时年仅十六岁的吕留良，面对明王朝的灭亡，"哭临甚哀"，号恸几绝。有人见他这样子，便劝慰他说："庄生何太自苦。"庄生是吕留良的字，吕留良正色道："今日天崩地坼，神人共愤，君何出此言也。"由此可见，吕留良异于常人之处。这一年，他还将少年时期所作的文章都焚弃了，以祭奠明王朝崇祯帝的亡灵，或许也是为纪念一个时代的结束。

清顺治二年（1645），清兵挥师南下，攻陷扬州后进行了为期十天的大肆屠杀，在嘉定又先后三次屠城，这就是著名的血洗江南的"扬州十日""嘉定三屠"。清军在江阴等地也是一路奸淫烧杀，随后渡江入浙。清兵残酷的杀戮抢掠激起了江南各地民众纷纷奋起反抗，组织起各路抗清义军。吕留良一家人也多投入了抗清斗争：其三兄愿良随史可法镇守扬州，任军前赞画推官；留良与侄儿宣忠也投笔从戎，"散万金之家以结客"，拿出自家的钱财来招募组织义勇，结交四方义士，抗击清军，图谋复兴明室，并有诗云："甲申以后山河尽，留得江南几句诗。"当时他的侄子吕宣忠加入了吴易、沈自驹领导的太湖义师，与浙东鲁王政权暗通声气。南明鲁王授予宣忠参将之职并授扶威义将军印，吕留良也相从参与义师。为了抗清复明，吕宣忠连年"窜伏林莽"，往来于湖山之间，周旋在浙西桐庐、石镜等山林之中，经常几天都吃不上一顿饭，备尝艰苦，他的左腿就是在此时中箭负伤的。然而最终兵败，反清大事无法成就。兵败后，宣忠隐匿在洞庭山中为僧，因父亲吕愿良生病而偷偷回家探视。当时崇德县令早就觊觎吕家的富有，正想找个由头从吕家捞些油水，得知吕宣忠回家的消息，就派人去抓捕。吕宣忠逃到孙爽家，和孙爽同时被捕入狱。吕宣忠慷慨不屈，坚贞刚毅，见了县令也不跪，衙役们把他的膝盖骨都打碎了，他还是不肯跪。在监狱中他每天从容赋诗，严整衣冠端坐临写颜柳法书帖，视死如归，后来被解往杭州。孙爽被捕后，被拘押在狱中一个多月。在浙江巡抚萧起元面前，孙爽极力为宣忠辩护，愿为自己的弟子作保。萧起元问："你怎么为做贼者担保?"孙爽正色道："宣忠是起义，不是做贼!"这一说激怒了萧起元，令手下责罚孙爽四十大板。不过也因此觉得孙爽是个耿直重义的人，最后把他放了。但对吕宣忠以"号众为叛"的罪名处死刑。顺治四年三月，宣忠从容就义于杭州，年仅二十四岁。临刑那天，吕留良冒险相送。宣忠昂首先行，叔侄二人谈笑如常，而无一语及儿女家事私情。宣忠过闹市时对围观的民众大声说道："今日乃大明义士报国之日，诸君何不一观乎!"并且说："今日可以报先皇帝矣!"就是说他是以死来报国的，没有丝毫的遗憾和哀怨。吕留良因为宣忠的死而悲痛异常，吐血数升，几乎丧命。吕留良与吕宣忠虽然为叔侄，但他却比侄儿小五岁，二人志趣相投，自小读书习武，形影不离，感情因此很深厚。吕宣忠的蒙难，对吕留良来讲是一个沉重的打击。故国沦亡与自家的遭遇，使得吕留良复兴明室的意识在少年时已极为强烈，也使得他埋下了深厚的反清思想基础。

顺治五年，吕留良结束了在外流亡的生活，返回崇德家中。这时的吕氏家族迭遭打击，已经失去了先前的显贵。继吕宣忠死难之后，吕留良的三哥、四哥也先后去世，尤其是挚友孙爽在顺治八年又病逝。这一连串的打击更使得吕留良精神遭受重创，几乎落魄不能自振，孤独无友，举目茫茫，心中抑郁悲苦，不禁发出了"生才少壮成孤影，哭向乾坤剩两眸"的哀号。加上此时又有仇家抓住他以前抗清的经历攻讦吕家，乘机落井下石。当时吕家已是巢倾卵覆、风雨飘摇了，而怨家还抓住不放，猖咻不已。关心吕家的人都劝吕留良说："你再不出试求取功名来荫庇吕家的话，灾祸就要累及吕氏宗亲家人了。"为免遭陷害，吕留良迫不得已改名光轮，于顺治十年参加了清廷的科举考试，考中秀才，时年二十五岁，而且以他的才华，每次学里考试都名列首位，在科场上声誉也高涨。但尔后，他对于参加科举考试深深悔恨，认为是"自违心迹""失脚俗尘"的行为。

由于吕留良是违心地进入科场，他本身并无意于为功名去角逐，所以感到非常无聊和苦闷。终于在顺治十二年冬，吕留良应友人陆文霦之邀，结伴到苏州，从事起评选时文的工作来。顺治十四年正月，吕留良又倡议结社于崇德，附近数县名流都来响应，与会者经常有数千人，饮酒宴乐，写诗作文，流传郡县，盛极一时。直到顺治十八年，清廷颁布谕令，严禁文士结社，他才暂时中断了时文评选和社事集会活动。他的二兄茂良以其外务过多，荒废学业，便强留他在家中。吕留良谢绝一切社集和选事，于崇德西门内吕家祖居友芳园之"梅花阁"上教吕家子侄辈读书。他每天在讲室中带领吕家几个子弟和友人的几个孩子吟哦诗书,给他们讲解经义,还制订了严格的《梅花阁斋规》,规定读书向晨而起,夜分而止,同学间不可以戏谑或者尖酸语言相向,也不能用文字笔墨相互讥笑;背书、应答要从容,不能嗫嚅,欲吐不吐,也不能轻率作答,全不思索。还规定了坐要正直,走路要庄重;待客作揖要诚恳,要深作揖,不可昂着脑袋;谈话声音要响亮干脆,又不能尖声突兀等等一系列规定。他遵循的是程朱学派读书做人的道理,所谓"洒扫,应对,进退,造之便至圣人"。吕留良认为,为学者正应当以这些日常普通事务作为修身的第一件紧要事情,能作文章倒在其次。

这期间,吕留良先后结识了黄宗羲、黄宗炎兄弟及高斗魁等浙东名士,另外还结识了黄周星、高世泰、吴自牧等人。这些人都曾参加抗清斗争,失事后又都不仕清廷,以明遗民自居。吕氏与他们为挚友,深受他们拒绝与清廷合作、执意不入科场的影响。康熙二年(1663),黄宗羲应聘来梅花阁执教,吕留良与黄宗羲、黄宗炎、吴之振、吴自牧、高斗魁等相聚园内水生草堂,诗文唱和;又与吴之振、吴自牧共选《宋诗钞》,完成初集,为所选八十二位宋代诗人撰写小传;并对自己误入科场的往事痛自反省。康熙四年,在与黄宗羲的一首唱和诗中吕留良曾表明这样的心迹:"谁教失脚下渔矶，心迹年年处处违。雅集图中衣帽改，党人碑里姓名非。苟全始信谈何易，饿死今知事最微。醒便行吟埋亦可，无惭尺布裹头归。"他懊悔自己"失脚"入清朝科场考试，认为"饿死事小，失节事大"。所谓"无惭尺布裹头归"是说他悔悟自己薙发做了清朝士子，到死的时候要用一尺布帛裹上剃了的头才行。

从此，他愈加坚定了不与清廷合作的决心，意欲摒弃科举之业。康熙五年，浙江学使至嘉兴府考核生员。吕留良在考试前一天去拜访学官陈执斋，向他出示那首悔恨自己"失脚"入清朝科场考试的诗，告知自己决定要弃去生员的身份，表示不再参加考试，拜托学官为自己达到保全以后名节之举想想办法。刚开始陈执斋很惊讶不肯答应，听了吕留良诉说自己的苦闷和经历的本末来由之后，他被吕氏的精神所感动，反倒起身向吕留良作揖说："弃去功名的做法这是古贤人也很难做到的啊。真恨自己没有能早点认识先生！"第二天早上府学例考点名时，吕留良便没有去应到，学官按照学法规定将他除名。吕留良被革去了秀才的功名，整个嘉兴府都轰动了。他的亲戚朋友无不为他担心，还到处为他奔走，询问官府事情缘由。吕留良却在得知革除功名后怡然自快，作诗有"甑要不全行莫顾，簪如当易死何妨"之句，并说："自此老子肩头更重矣。"离开科场后，吕留良已经步入中年。这时他隐居行医，评选时文，一意著书、刻书，专心致力于研究和表彰、传播程朱之学，宣传民族思想，从事"治乱之源"的探讨。

苦守晚节　遁入空门

吕留良归隐崇德城郊南阳村东庄后，创办了"天盖楼"刻局，继续选刻时文出售。他还提囊行医，自食其力，不依赖功名和当朝权贵。原先的许多诗朋文友大半散去，唯与张考夫、何商隐、张佩葱等人攻研理学，创立了南阳讲学堂，设馆授徒。康熙八年（1669），迎理学家张履祥至东庄主持讲席，刻印刊行《朱子遗书》《语类》等。另外，他还收集刻印三百年各家制艺之文，把自己的民族意识、排满思想，灌注在这些文章的评论当中，并对"夷夏之防"的立论作公开宣传，对士人产生广泛影响。

晚年的吕留良，"身益隐，名益高"。自己想隐居，但是名声却越来越大。康熙十一年，他为躲避当局让他主修地方志书而出游，久住外地不回家。他心怀亡国之痛，矢志不再食清禄，因此处世行事唯恐失节，去就辞受间极为谨慎。他曾经说："吾辈近日虽倒沟壑，然有数种食绝不可就也。矫节高名而苟且，凡百目前，纷纷名辈，或未能此矣。然饿死自小，当无忘此志耳。"意思是说，像我们这样的人（明王朝的遗民），虽然在清王朝统治下还苟活着，已经是跌倒在污泥沟壑里算不得完全清白了，但是还有一些事情是不能去做的，而现实社会上很多所谓的名士却不能坚守这一点，他们虚有高名却做着苟且之事，或者奔走于当朝权贵之间，或者参加到地方官府的事务之中。吕留良觉得没有生活来源而饿死是小事，作为遗民的志节万万不能忘记。他抱病村居时，对于那些四方交游带了礼物登门拜访的人，一般都闭门拒绝。那些到浙江来做官的人，都想结识他这样的名士，但都以不得结识吕留良为憾事。就算是官员权贵们以权势强压逼迫，吕氏同样不会屈从。五十岁那年，吕留良在离家百里的吴兴埭溪地方买了一座小山，名叫"妙山"，山中有峭壁深潭，茂林修竹，景色优美，环境清幽，他很喜欢，准备以后隐居其中，避开世事纷扰，诚守严苦之节。但是，社会大环境的变动总是层层进逼，时时考验着一代遗民。

康熙十七年，清廷开博学鸿词科，以笼络和逼挟一般的明代遗民，果然有不少人禁不住功名诱惑而动心，纷纷求荐。浙江当局首荐吕留良，文牒下到地方，他却誓死拒荐，决不动摇。他的子侄辈等很惶惧，恐怕招来祸害，只有岌岌奔走于官府之间，苦苦哀求，终得幸免。然而，康熙十九年，清廷又有山林隐逸的征聘之举，嘉兴郡守又荐举吕留良出仕。吕留良闻知消息时，正和宾客在厅堂上谈话，当即吐血满地。吕留良本来身体就不好，幼年时就曾有咯血的毛病，后来又患有痔瘘，这次打击后便经常卧病了。为躲避荐举的纠缠，坚守气节，吕留良不得已在病榻上削去头发，披上袈裟，宣布出家为僧，说："这样也许可以放过我了吧。"取僧名耐可，字不昧，号何求老人。他有自题僧袍像赞道："僧乎不僧，而不得不谓之僧；俗乎不俗，亦原不可概谓之俗。不参宗门，不讲义录，既科呗之茫然，亦戒律之难缚。有妻有子，吃酒吃肉，奈何衲裰领方，短发顶秃。儒者曰'是殆异端'，释者曰'非吾眷属'。咦！东不到家，西不巴宿，何不祖裳以游裸乡，无乃下乔而入幽谷。然虽如是，且看末后一幅。竖起拂子，一喝曰：咄，唠叨个甚么？都是画蛇加足！"他还筑庐"风雨庵"于妙山之上，并在山上一泓泉水边修筑了一座亭子，题写匾额为"二妙"，从此"屏绝礼教，病不见客"，只有一些来问学讨教的学生和他早晚相从。他在《癸亥初夏书于风雨庵中》诗里写道："到此庵中，屏绝礼数。病不见客，隘不留卧。经过游观，自来自去。送迎应对，一概求恕。久坐闲谈，尔我两误。可惜工夫，各有本务。知者无言，怒亦不顾。问我何为，木雕泥塑。"吕留良做了个"有妻有子，吃酒吃肉"，"不参宗门，不讲义录"的和尚，其实是不得已以出家求得免于出仕。因为，吕留良平生对佛老两家都是不遗余力地批评拒斥的，所以他出家，当时就有人质疑说："先生生平言距二氏，今以儒而墨，将贻天下来世口实，其若之何？"就是说，先生你平时批评佛家道家，现在却出家当和尚，这不是留了个口实被天下后世人来诟病吗？这怎么办？吕留良对此也默然不作应答。但他在给友人徐方虎的信中提及出家的原因，说了个故事：有个人戴着帽子走在路上，卖糖的贩子跟在他后面吆喝道："破帽子换糖！"这个人赶紧把帽子拿下来藏好。卖糖的贩子又吆喝道："破网子换糖！"这个人再把压发用的网箍拿下来藏好。卖糖的贩子又吆喝道："乱头发换糖！"这个行路人惶惧无措，不知道还能怎么办了，回头对卖糖的贩子说："你干吗太过相逼啊！"吕留良说自己剃发为僧，也正是怕"换糖者"相逼，就是说怕再有推荐出仕等事情的逼迫。这既反映了他被迫为僧的痛楚无奈的心情，也透露出他兀傲纵恣、誓不仕清的狂狷个性。

康熙二十年（1681），吕留良在南阳村东庄的东北角造了一幢三层的楼房，取名为"观稼楼"。"观稼"语出《周礼》，意思是说登楼就可以望见农田，可以看到周围农人们从事稼穑劳动。接下来两年，他往来妙山与南阳村庄居住，时与门人子弟讲论文章诗词。康熙二十一年秋天，吕留良的弟子们觉得老师身体日渐衰弱，应当乘秋高气爽的时节及时行乐，就怂恿吕留良出游。于是在九月二日，吕留良率领门人及长子公忠、侄子至忠等乘船东游。历经近二十日，其间访友访亲，游山观潮。这次行程，可以说是吕留良一生中最后一次长时间的外出巡游。

康熙二十二年正月，吕留良写了六首《祈死诗》，将他一生的所思所想、所见所闻、所感所慨流露在了笔端。也许，吕留良已经意识到，自己去日不多了。这一年的四五月间，吕留良回到妙山居住。六月再重回南阳村，这时他的病情已经逐渐加重。每天早晚各一次留在观稼楼的耕钓居（斋名）中，会见门生和弟子，其余的时间都闭门不出。吕留良如果有事要唤弟子，就击磬传呼；弟子如果要禀问，则写条子进去，吕留良可以随时阅批。虽然病得很重，但他还是坚持每天补辑《朱子近思录》和改订评点三百年制艺的《知言集》这两本书直至临终前三天。七月，吕留良开始写《遗令》，到八月十一日绝笔。八月十三日，吕留良召集门人子孙到身边，勉励他们要用心读书，做人要讲孝义。过了一会儿，吕留良说："我这时候鼻子里只有出气没有进气了。"门人们大呼"先生"，吕留良答道："人都是这样的！"随后让大家出门。众人再三作别。吕留良从容正容，伸展双脚，叉手安放胸前，安寝而逝。

吕留良死后，远近名士无不震惊。八月十七日，何汝

021

霖亲到崇德来吊唁哭灵。陈祖法、陆陇其作文祭奠，黄宗炎、查慎行等作诗哀挽。十一月二十九日，吕留良葬于识村（今桐乡县晚村乡识村东长板桥之西）祖茔。在他死后四十余年，湖南人曾静以反清叛乱被捕，供词中提到他受了吕留良评选时文的影响，引发了吕留良文字狱案，震惊全国。雍正十年（1732）吕留良被判剖棺戮尸，家产入官，其著述被禁毁，子孙及门人等有的同遭戮尸，有的惨死屠刀，有的流放边疆为奴。罹难之酷烈，为清代文字狱之首。这一场大文字狱闹了七个省，前后将近四十年，死人无算。此后，吕留良其人其事渐渐湮灭，已经似有若无。直到近代辛亥革命时期，吕留良被尊为反清志士。民国元年，昭雪翻案，为他重建新墓。后人为了纪念他，便把他的居处和墓地所在的乡分别以他的名号命名为留良乡和晚村乡，并一直沿用至今。

第 2 章

评选时文　风行海内

　　吕留良的学术活动中，从事时文评选是非常重要的一项。当时他即有"时文选家"之称，经他评选结集的时文本子，多达二十多种，风行海内。然而，吕留良的时文评选与一般的时文选手有着很大的不同，值得我们充分关注与仔细考察。

八股时文　社事房选

　　隋唐开始，中国出现了开科取士的科举制度，使中国社会下层的知识分子有了成为上层官僚的途径。在隋唐时，科举考试主要考的是诗歌辞赋，直到明清两代才正式转变为八股文。八股文又叫制艺、制义、时艺、时文、八比文、四书文等等，是中国明清科举考试制度中所规定采用的一种专门文体。它要求文章必须有四段对偶排比的文字，总共包括八股，所以称八股文。"股"或"比"，都是对偶的意思。因为八股文中有四联，两两相对，好比人有两股，所以叫八股；又因为它相对于两汉唐宋的"古文"来说不一样，所以又叫"时文"；另外可能有人嫌"股"字不雅，便称八股为"八比"，殊不知八比便是十六股了，名实不副；明代出的题目也有出自"五经"中的，但主要还是出自"四书"，也就是《论语》《孟子》《大学》和《中庸》，特别是在清代题目几乎都出于"四书"，所以八股文又叫"四书文"；封建时代皇帝的命令称为"制"，八股是皇帝命作的文艺，所以又叫"制艺""经义""制义"。

八股文不仅使士人的思想受到极大的束缚，而且败坏学风。明清两代，八股文几乎是所有官私学校的必修课，从童试到乡试、会试都要用它。不会写八股文，就无法通过科举考试，就难以做官。而八股文的唯一用途，即在于应付科举，此外毫无实用价值。读书人竭尽一生精力钻研八股文的写法，对政治、社会实际情况不关心，缺乏了解，就是所谓的"两耳不闻窗外事，一心只读圣贤书"；而有些读书人由于对人情世事缺乏了解，一旦为官，便缺乏足够的知识来应付民间大小事情，只好委派幕僚师爷以及下级官吏来决策事宜，这又使得吏治日渐败坏，政治上不了轨道。所以明清时期许多有识之士，均对八股文深恶痛绝，有人称八股只是"敲门砖"（指只是求官的途径），那时的文人多不屑于写八股。

吕留良所处的时代正是科举制发展至成熟之时，八股文是士子们必须掌握的作文之法，是求得功名的途径。为了最有利于参加科举考试，读书人只读"四书""五经"，到了后来，连"四书""五经"也不读了，只读那些已考取了进士的人在考场所作的、并赖以考取功名的八股文——术语称之为"墨卷"。于是，除墨卷外的其他任何知识，也就是除了作八股文知识外的其他任何知识，全都是鸭子屎，全然不屑一顾，出现了所谓"废书不观"等坏现象。八股取士弊端重重，是封建王朝禁锢思想、加强统治的政治工具，因而，被一切开明、进步、民主的知识分子深恶痛绝，最后终于被废弃，应该说是历史的必然。

吕留良从事时文评选其实是有缘由的。自明末以来，士大夫盛行结社，而"凡社必选行文字"，就是都有"社稿"刻印行世。关于明清之际的文人结社，黄宗羲说："集士子私试之经文而刻之，名之曰社。"可见，结社与选刻文字是密不可分的。当时的名士周钟、张溥、吴应箕、陈子龙等所组织的应社、复社、几社等，都无不以选文行天下。吕留良也说，周钟、张溥、吴应箕、杨廷枢、钱禧、周立勋、陈子龙、徐孚远等属"皆以选文行天下。选与社相为表里"。文人士子集会结社，都以所写的文章交流讨论，把"社稿"选刻出来作为光大本社声名的媒介，可以扩大社团的影响。而两浙地区，适处江南，结社交游之风尤为兴盛。即使是偏僻的县乡，都有千百人聚合结社。吕家虽为经商起家富户，但是也崇尚读书雅集之事，吕留良的曾祖父吕相就曾与友人结社里中，有雅好宾客的盛名。吕留良的三兄吕愿良于崇祯十一年（1638）会集江浙名士千余人，创举了澄社，更是有声于当时。吕留良浸染其中，深受以文会友的风气熏陶。崇祯十四年，孙爽、王皥、吕宣忠等十余人为征书社，吕留良也被邀参与，而且正是在此社中结识了陆文霦。这一年，吕留良才十三岁。第二年，社中即有陆文霦等人的《壬午行书临云》之选。当时，吕留良虽因为年纪小还没有被分配选事，但耳濡目染，自然也会受到影响，所以后来陆文霦邀吕留良共同选刻时文，经吕留良创导，远近百里间，名流携带诗简文卷来会的达到数千人，成为复社以来难得的盛事。入清以后，一直到顺治末，结社之风不息。虽然在顺治九年（1652），清廷礼部题奉钦依条约八款，颁刻学官，称作"新卧碑"。条约中有不许生员纠党多人，立盟结社，以及不许将所作文字，妄行刊刻等规定。但大约在顺治年间以及康熙初年，禁例应该还不那么严格，因为吕留良就曾于顺治十四年在崇德重兴社事。既然"选与社相为表里"，吕留良从事时文评选，首先便是文人结社之风盛行的影响结果。

吕留良评选时文，大约可以划分为两个阶段。第一阶段，即是从顺治十二年和陆文霦同事房选开始，到康熙五年吕留良弃去秀才功名。这一阶段的评选时文的活动，主要是同吕留良当时的歧路彷徨分不开。当时，吕留良正是违心进入科场后而又无心于追求功名，无所事事，心中苦闷，便和陆文霦到苏州，租了一间小屋子，关起门来专心选评八股文，一个月就完成了书商的要求。吕留良曾说："酉戌以来，类皆分阅而互参，凡有事一选，辄屏弃他业，汲汲顾景，以徇贾人之志。"这就是说，吕留良此时从事时文评选，一方面是为了填补"无所用其心"的空虚，另一方面则实在是一种无奈的谋生手段。商人们惊于市场利润，大量收集试牍程墨，往往规定评选时限，规定评选篇幅，弄得参与评选的人很苦恼。吕留良就认为评选时文是很麻烦痛苦的事情，像皮肤上长了疮，得了痢疾一样痛苦，想尽快就好。但是他又每每参与评选，和陆文霦接连完成了《五科程墨》《戊戌房书》《选大题》等等，好像乐此不疲似的，这又是为什么呢？吕留良自己解释道："盖中无恒业则日见无事，见无事则益出然无所用其心，心无所用则其苦有甚于逼迫程限之役者，故欣然受之而不辞也。"就是说，他每天无所事事，没有人生目标，心中非常苦闷，跟心中的苦闷相比，评选时文的逼迫痛苦就不算什么了，因此他会欣然接受评选时文的工作。这一阶段吕留良的时文评选，是所谓无心之选，并无多大历史价值可言，而且，消极影响或许比积极影响更多一些。因为所谓"天盖楼"选本风行的结果，并不是引导士人关注社会现实，而是沉溺于举业功名，这是毋庸讳言的。所以这期间，吕留良曾经中断过时文评选的活动。顺治十八年，吕留良的二兄茂良以其外务过多，荒废学业，有违先人之志，把吕留良禁锢在家中，吕留良便谢去社集坊选等事务，带领子侄在家中梅花阁上读书。当陆文霦又以庚子墨卷来约他评选时，他便谢绝了。因此，大约从康熙元年（1662）起，吕留良就开始不和陆文霦共选八股文了。他自己所作的八股文，选刻了三十篇，起名为《惭书》，有陆文霦作的序。吕留良与陆文霦这一段共同评选时文的经历，对于他后来以批评八股文为手段向一般士子灌输理学以及种族观念，还是有一种很好的影响的。

然而，康熙五年以后，情况却大不一样了。此时，文人结社早为清廷严禁，评选时文再也不是例行事情；陆文霦也和吕留良走了不同的道路。可是，吕留良却依然把它继续下来，而且是自觉自愿，花费极大的心力来评选时文，成为著名的时文评选家。他之所以要这么做，则是另有目的在其中的。

借助制艺　评文明道

康熙五年（1666），吕留良不再参加考试，弃去诸生，这之后他隐居行医，但又开始进行评选时文的活动，所谓重操选政，而且这方面的兴趣益趋浓厚，直到康熙十二年才最终结束选文生涯。其间，经他评选结集的二十余种古今时文，不胫而走，"风行海内，远而且久"。而且他搜寻三百年八股文字欲成《知言集》一书，直到临死前三日还在手批目览，仔细改订，费尽心血。这样一来，吕留良之学就被他的时文评选的声名所掩，以致当时人们把他归为"时文选家"的行列，但吕留良却并不愿意他人这么看待自己。事实上，吕留良对此早有澄清，他说："某喜论'四书'章句，因从时文中辨其是非离合，友人辄怂恿批点，人遂以某为宗宋诗、嗜时文，其实皆非本意也。"他是因为喜欢研究朱熹学说，尤其是朱子的《四书章句集注》，所以从八股时文中分辨作文的意义是非，作些评点。外人以为他喜欢八股文，其实不是他的本意。而且，他尤其憎恶"时文选家"的称呼，他指出："'选家'二字，素所愧耻。"为什么耻为"选家"？因为他认为："近世人品文章，皆为选手所坏。"他们"目未识贵人，辄呼其字，甫若旧知深好；名未通一刺，已谱叙交契；攀扯线索，谓某某手授邮寄；士林廉耻之道，至此扫地尽矣。"那些所谓时文选手，一个个都是巴结权贵之人，还不认识人家就称呼起字来（中国古人有名有字，熟悉的朋友间互相称呼字表示亲切），好像相交很久的老朋友似的；也没有通过名刺，却已经开始叙交情拉关系；或者炫耀跟某某权贵的关系，说某篇文章是人家亲手交付或亲自寄来的，如此等等，不一而足。吕留良认为读书人的廉耻脸面，都被这样一些选家丢尽了。为了表明不与"时文选家"为伍的志向，他于康熙十二年断然结束了选文生涯。在逝世前的十余年间，更将主要的精力放在专意刻印朱熹遗书、提倡朱熹之学上，为扭转一时学术风气，进行了不懈的努力。

正因为吕留良评选时文有这样的复杂经历和背景情况，所以如何看待吕氏的评选时文，成为后世吕留良研究中的一个突出问题。贬之者，依此讥笑他"不过是帖括家或古文家，不见得有很精深学问"；褒之者，则不赞成前者的说法，认为"吕留良并非时文选家"。其实，吕留良从事时文评选是客观事实，而且在历史上有"时文选家"之名也是客观事实，问题的关键在于如何看待他的时文评选，其从事时文评选的目的及其思想内容如何，在当时发生的作用影响又是怎样的。康熙五年之前的时文评选活动是非主观意愿的无心所为，而之后的评选时文却是吕留良有意识的作为了。

那么，吕留良在康熙五年之后为什么还要做时文评选的工作呢？他自己的话似乎可以说明这一点，他说："某跧伏荒塍，日趋弇固，偶于时艺，寄发狂言，如病者之呻吟，亦其痛痒中自出之声。"可见，他是要借着时文评选，来抒发胸中的郁积，就像生病的人因为身上的痛痒而不得不发出呻吟来。而吕留良胸中郁积的又是什么呢？他的儿子吕公忠所撰写的《行略》曾就此写道："其议论无所发泄，一寄之于时文评语，大声疾呼，不顾世所忌讳。穷乡晚进有志之士，闻而兴起者甚众。"郁积胸中无处发泄，只能寄托于时文评语之中，而又为世所讳忌的议论，不外乎就是两个方面：一方面是有触清廷忌讳的政治主张。这就是雍正初年，审理曾静、张熙一案时，曾静所供："吕留良评选时文内，有妄论'夷夏之防'及'井田''封建'等语。"另一方面，便是对当时尚盛行于浙东的王阳明之学的抨击。这引起了当时一些学者的不满与訾议。黄宗羲、万斯同讥讽吕留良的学问是"纸尾之学"；范鄗鼎说他"竟指文成（王阳明）为异端，狎侮前哲，讪谤学官"；王士禛更指斥他"无羞恶之心"。足见，康熙五年以后吕留良的时文评选，与前一阶段已经不可同日而语。这时候的吕留良是借着批评时文的方式来阐发自己的政治主张和学术见解，选文只不过是手段而已，并不是以科举考试为目的，相反却有着比较鲜明的"经世致用"的色彩。

吕留良以时文评选来阐发思想，当作自己做学问的方式，是十分独特的，很多人都不能理解。有的人质疑他说时文只不过是应付科举考试的小技而已，根本不足以讲学，连他的好友也是他十分尊敬的理学家张履祥也写信给他，劝阻他批选时文，劝他不要浪费精力在制举文字上。有一次张履祥在久病痊愈后到吕留良家去拜访，不巧吕留良正好出门去了，张履祥在吕留良的书房里盘桓，忽然在案头看到吕氏正在整理的时文选集"天盖楼观略"，张履祥便很是内疚自责，觉得自己作为知己好友没有能够事先劝阻他的行为是大过失。因为在张履祥看来，制举文字是"益下数等"的东西，吕留良这样禀赋极高又有志于挽救世道人心的豪杰做评选时文这样的事情是"无益身心，有损志气之事，耗费精神，空驰日月"，简直就是在浪费自己的生命！他在给吕留良的劝诫信中说："凤凰翔于千仞，何心下视腐鼠；隋侯之珠，不忍于弹鸟雀。"他把吕留良比作凤凰，比作珠宝，劝他不要自贬价值，大材小用。吕留良却不以为然。还有一回，张履祥开玩笑说："我如果当了宰相，就废除八股取士，而用汉代的乡举里选的推选办法。"吕留良就说："先生你废除八股，我就去觐见皇上要求恢复八股。"张履祥之前能够劝止吕留良行医，但吕留良刊布他批评的八股文，张履祥就不能劝阻了。

吕留良这么坚持自己的做法，因为他认为"非时文不足明道"。他说："理之明、不明何从辨？必于语言文字乎辨之……盖言者心之声，字者心之书也。心有蔽疾隐微，必形于语言文字。故语言文字皆心也。况程朱之说，上求孔、曾、思、孟之指，能体会其义而发明焉，则为佳文，不则相与辩驳极尽以期有合，此亦格致之一道。何以'艺'之一字抹杀之哉？"吕留良认为辨明事理要从语言文字上去着手，因为语言文字生发于人心，文字之坏也就是从人心之坏来的，反过来文字之善，又足以救正人心隐微深锢之疾，从改善文字来改善人心。所以，他要以点勘八股文字来作救正世道人心的努力，他坚持制举文字不能仅仅看作是小"艺"，他要通过点评时文发挥八股时文的大作用。

其实历史上以时文八股讲学，在晚明时期就开始有了。张溥创立复社时，就曾说："自世教衰，士子不通经术，但剽耳绘目，几幸弋获于有司，登明堂不能致君，长郡邑不知泽民，人才日下，吏治日偷，皆由于此。溥不度德，不量力，期与四方多士，共兴复古学，将使异日者务为有用，因名曰复社。"复社，在当时被士人推重以为东林之宗子，当年东林以语录讲学，而复社便是以八股讲学，虽然所用文字体式有差异，但以讲学而干政的用意却是一样的。吕留良以八股讲学，也是别有深意的，就是要将他尊朱辟王的学术主张以及对种族的、反清的见解加以宣传。他所选评的时文与一般专为钻营科举考试方法的不一样。他把那种时文称为"猥陋之时文"，它们败坏了文字，误导了读书人，更坏了朱子章句传注的名声。他说："事理无大小，文义无精粗，莫不有圣人之道也。但能笃信深思，不失圣人本领，即择之狂夫，察之迩言，皆能有得，况圣贤经义乎？其病在幼时入塾，即为村师所误，授以鄙悖之讲章，以为传注之说，不过如此；导以猥陋之时文，则以为发挥理解与文字法度之妙，不过如此。凡所为先儒之精义，与古人之实学，概未有知，其自视章句传注文字之道，原无意味也。"就是说，事理无论大小，文义无论精致还是粗浅，都包含有圣人之道，只要深入思考，即使是普通人都可以有所心得。何况是圣贤经义，人们更应该从中获得启发和教义才是。然而现实的情况却是人们都鄙视章句传注文字之道，这都是一帮子村师和选手弄坏的。可见批评八股文，吕留良是有深意在其中的，他要从八股批评里，作提倡朱学的运动，要廓清不合于朱学的讲章，而且他的讲学、讲道，政治思想都可以由这里表现出来。他的学生车鼎丰在老师逝世后，把散见的吕留良的各种时文评语辑录起来，编成《吕子评语》一书刊行于世。车鼎丰在这本书的卷首就指出："此编自成吕子明道救时之书，与从来讲章本头丝毫不相比附。时下动将吕子之说，夹和蒙、存等说数，一例编纂混看，此种冤苦，直是无处申诉。"车鼎丰很明白老师的心思，知道老师评讲时文和以往讲章的论调不同，老师是要阐明圣道救正时弊的好书。他为老师的心血之作被人误看贬斥而愤怒，也为老师的真心所为不被人理解而抱屈。所以他特别强调说："吕子评刻时文，不过借为致其说于天下之具耳。"就是说吕留良评刻时文，只不过是把它当作阐发自己学说思想的一种工具、一种方式而已。吕留良有这样了解自己的学生应该感到很欣慰吧。

那么，吕留良为什么会选择用评选时文的方式，用这样一种工具来阐发自己的学说而不用其他的"工具"呢？除了上面提到的他主张"时文可以明道"这一点之外，其实还有他另一番良苦用心。他曾说过："读书未必能穷理，然而望穷理必于读书也。秀才未必能读书，然而望读书必于秀才也。识字未必能秀才，然而望秀才必于识字也……舍此识字秀才读书者而安望耶？"意思是说，读书未必能够明白圣贤的道理，但是想要探索圣人之道必须从读书入手。秀才未必都能读圣贤书，但是读书也只能靠秀才们。识字的人未必都能成秀才，但是有可能成为秀才的人必能认识字。所以吕留良发出感叹说，除了识字的秀才这样一些读书人之外，我还能指望谁呢？他要尊崇朱学，廓清讲章，光大程朱学派的影响，当然只能指望识字秀才这样的读书人。而在封建科举制度的驱使下，读书人大部分只读应考之书，甚至只看八股选文，因此，吕留良也只有通过批点八股文这样特别的途径，更好地达到自己的目的。他的儿子吕公忠为他所作的《行略》中说吕留良曾经感叹道："道之不明也久矣，今欲使斯道复明，舍目前几个识字秀才无可与言者；而舍四子书之外，亦无可讲之学。"就是说他认为圣人之道要得到光复，除了目前这些读书人之外就没有可以谈说光复圣道的人；而除了"四书"之外，也没有可以讲论的学问。所以吕留良讲学入手用力处，以批点八股文为主，而于"四书"用力最勤。

再者，他还在批选八股文的字里行间宣传他的政治主张，利用八股文作为宣传工具，宣传"华夷之防大于君臣之义"的种族思想。吕留良在清朝统治下宣传反清思想，就必须采用一种异乎寻常的办法。由于时文是科举时代所有应举的士子不可不读的，而要掌握好时文，则需要读范文，读评点之书，时文选本易于传播，吕留良正是看到这一点，才不惜以大量时间和精力，特别把明末抗清志士的作品选作时文加以评点，传播到各地士人之中，使其影响更为广泛。所谓

"穷乡晚进有志之士，闻而起者甚众"，后来曾静、张熙等人走上反清道路，就深受吕留良思想的影响。

无论是他的学术主张还是他的政治主张，要能够被接受、理解和响应，只有注意向一般的读书士子中传播。而传播于士子最方便容易的媒介物，莫如八股文，他真是抓住了一个最好的方法，可以产生最大的影响力和最佳的效果。正因为如此，吕留良才会在点勘八股时文上乐意花费心血精力，"天盖楼"选本"风行海内，远而且久"，在清初产生了广泛的影响。

"天盖楼"本　家传户诵

明清易代，经过战乱，吕家已经中落，但是"先代传书既富，而生生之资又足"，就是说吕家毕竟曾经是大家富户，先世又有不少藏书流传下来，也还有足够的田地作为生活资金来源，所以吕家入清后还称得上是小康之家。吕留良利用这一有利条件，雇请刻工，以"天盖楼"署名，在家中开局刻书。他把经他评选印行的各种时文本子发到全国大贩书市场之一的南京承恩寺书坊，通过书商发售全国。后来发行量不断增加，他感到代理书坊不可靠，康熙十二年（1673）春天，他自己专程来到南京，以"天盖楼"为名，开设书店自行经营发售。此时，吕留良创设的"天盖楼"书局，就兼理刻书、印书和发行贩卖书籍各项事务。他派儿子吕公忠兄弟在南京经理售书，兼采访收罗自己所需要的书籍。除南京外，吕留良还派儿子吕公忠到福建开拓市场。在八股文之外，书局还刻印《二程全书》《朱子遗书》《仪礼经传通解》，以及《唐鉴》《稽古录》等书发卖。据说卖一批书可以获四千金。通过经营书业，就可以获得生活来源和再生产资金，不必再求仕进，也就不必与清廷合作，就可以保全他作为明朝遗民的气节。而且，通过这样的经营管理，"天盖楼"的品牌声名鹊起，在应考的士子中间影响越来越大。

商品售出的同时，吕留良也宣传了自己的思想主张。他坚持夷夏之防，严立出处、去就、辞受、交接的界限。他攻击君主私天下的私心和奴役人民的暴行，他认为君臣尊卑相去只一间，而不应相去悬绝。他认为臣之事君，在于"谏行言听，膏泽下民"，而不在高官厚禄。他非常蔑视"只多与十万缗塞破屋子，便称身荷国恩"的势利小人。

吕留良的政治思想和黄宗羲《明夷待访录》里的政治思想很相似。可是《明夷待访录》迟至清末才为人传颂，当时没有流通，没见到社会效果。而吕留良的书却畅行天下，不少人借以猎取功名；有的人对他衷心崇拜，设立牌位奉祀（如连州知州朱振基）；有的人接受他的政治思想，掀起震惊一世的反清大案（如曾静等）；即使在清朝皇帝严厉声讨、大肆屠杀之下，还有的人愤不畏死，坚持为吕留良鸣冤叫屈，始终不懈（如齐周华）。吕留良思想影响之深远，可以想见。就算是曾静反清案发后，清廷严令焚毁吕留良的书，然最后都没有能够完全禁绝，到清末禁令宽松些的时候，他的书流布仍然不少，从这点则可知禁毁之前他的书遍行海内的情况。

清代文学家王应奎在他的《柳南续笔》中说："本朝时文选家，惟天盖楼本子风行海内，远而且久……"清代著名文人戴名世也说过："而近日吕氏之书盛行于天下。"这吕氏指的就是吕留良。另外，吕留良的儿子吕公忠作的《行略》中也描述道："自先君之说出，天下之士始而怪，中而疑，终乃大信。今者，鹿洞之遗书同南阳之评本无不家庋户肆，后生末学皆知是非邪正，如冰炭之不同器……"这是说他父亲吕留良的学说从被人指责、疑惑到最后信服，后来"天盖楼"刻印的朱子的书还有南阳吕氏的时文评选本子，几乎是家家户户都买并且收藏，真的是风行一时，家传户诵。

吕留良八股文评语原散见各种本子中，后来他的学生门人辑录起来，编成专门书籍。有周在延编《天盖楼四书语录》四十六卷（清康熙二十三年金陵玉堂刻本）。陈鏦编《吕晚村先生四书讲义》四十三卷（清康熙二十五年天盖楼刻本）。车鼎丰编《吕子评语正编》四十二卷，附严鸿逵记《亲炙录》八十九条；《吕子评语余编》八卷，附《亲炙录》六条（清康熙五十五年顾麟趾刻本）。上述三书，内容大略相当。

————— 第 3 章 —————

学术宗尚　尊朱辟王

　　吕留良在清初以坚定的尊朱辟王（尊崇程朱理学，反对
陆王心学）的面貌出现，成为清初著名的理学家。但是他所
代表的是民间强调操守节义、笃实践履的一派，与清廷御用
的理学大臣们是根本不同的。他尊崇朱熹理学，在当时的时
代背景下，其实融入了经世致用的呐喊。

维挽风气　严斥陆王

　　程朱学派与陆王学派都同属宋明理学之下。程朱学派是
北宋程颐和南宋朱熹两个学派的合称，也称为"程朱理学"。
这一派主张"理"是宇宙的本源，是离开事物而独立存在的

抽象实体，由它主宰以及派生出万事万物。其学以主敬存诚为主，元明以来影响很大，受到统治阶级的褒扬与提倡。陆王学派，后人也称"陆王心学"，是南宋的陆九渊、明代的王守仁等一脉发展出来的学派的简称，或直接称"心学"；或有专门称为某哲学家的心学，如王守仁的"阳明心学"。陆王心学一般认为肇始于孟子，兴于程颢，发扬于陆九渊，由王守仁集大成。陆九渊为宋代"心学"的创始人，他以"心"为构成宇宙万物的本源，提出"心即理"的命题；断言"宇宙便是吾心，吾心即是宇宙"，将客观规律的"理"主观化；以"立大""知本""发明本心"为求学方法。明代王守仁继承陆学，断言"心外无物""心外无事"，主张"致良知""知行合一"，后代思想家李贽、黄宗羲、唐甄都受到过王学的影响。陆九渊世称象山先生，王守仁世称阳明先生。陆王两派思想上一脉相承，和程朱学派相对立，明代以来有较大影响。程朱与陆王两派因为在世界本原、心与理的关系和为学功夫上有差异，因此两派弟子经常为争各自门户而互相不满甚至谩骂，更有甚者还动起手来。比如明末名士陈卧子和艾南英就曾经在复社创始人张溥的"七录斋"中，因为辩论朱王异同相持不下，陈卧子居然打艾南英耳光，都只为争执宗朱还是宗王这样的门户之事。

就明末清初当时学术界的状况而言，自明中叶以来阳明心学泛滥，学者们都崇尚自由发挥其良知，务求自得，专向内心的修养上作功夫，程朱学派逐渐式微。清初，在统治阶层的大力倡导之下，程朱理学又获得了短暂的复兴。当时有不少学者推崇程朱之说，还有部分理学名士获得皇家恩宠而得势成显贵。清初理学家除少数学者外，几乎无一不攻击王学，如张履祥、陆陇其对阳明学说都有直截了当的批评。熊锡履著的《学统》一书中，就以孔、颜、曾、思、孟、周、程、朱为正统，而将陆、王等列入杂统。理学名臣李光地也从朱子学的立场批评了陆王心学。这些尊朱辟王之举，有些并没有太多学术意义，有些至多是顺应当时普遍厌倦王学的时代气候罢了。有些人尊朱强调践履笃实，虽然在学术上没有什么创见，但毕竟还称得上是独善其身的君子。有些人就仅仅是随声附和，以便博取卫道之名罢了。更有甚者，表面上虽然尊程朱，暗地里却干着见不得人的勾当，这些人倒还远远不及那些在学问上虽然趋于空虚玄荡，但仍然有人格操守的所谓王学末流。

吕留良是清初尊崇朱熹学说、力辟王守仁心学的著名学者。他推奉朱子、力辟王学，有自己的创见，是一般的随声附和的庸碌之辈无法相比的；更是那些谨遵朝廷意旨而尊朱辟王，把这作为晋身仕途和获取荣华富贵的捷径的清儒无法企及的。他尊朱辟王学术思想的产生、形成，是建立在他对儒学发展演变及其历史影响的认识和反思基础上的。他认为儒学发展史上有两条鲜明的学统路线，一路"由朱子而程子而孟子而孔子，此一先生也"；一路"由湛若水而陈献章……则由陈献章、王守仁而陆九渊而达摩而告子，亦一先生也"。他把程朱一派看作孔子儒学的正宗的继承者，而陆王一派是和儒学对立的禅学的流裔，也就是说他把陆王根本排除在儒学阵营之外，因而他尊朱则必然辟王，而且在辟王方面比之于同时代的学者更为尖锐和激烈。他认为"陈献章、王守仁，皆朱子之罪人，孔子之贼也"，因而"今日辟邪，当先正姚江之非"，要维护儒家正统之学，辟除歪理邪说，就必须首先指正阳明心学的错误，揭露阳明心学的祸害。

明代王守仁倡导"致良知"的心学，虽然在儒学发展史上是出于对程朱理学的怀疑和不满，在思想上是追求解放自由之路，但王学只专尚玄悟而不讲实学，空论良知、心性而不讲求经国安邦，高明些的人就以参佛学来标榜自己的悟性高妙，庸碌平常的人就借大部头的讲章来掩盖自己的无知。这样造成明末虚无主义和清谈学风的泛滥，把人们的聪明才智引向无用之地，这些弊病自明末以来显露无遗。正如清代汉学家江藩所批评的："明人讲学，袭语录之糟粕，不以六经为根柢，束书不读，终明之世，学案百出，而经训家法，寂然不闻，儒林之名，徒为空疏藏拙之地。"江藩明确指出了明代儒林风气败坏的情况。

吕留良也正是看到了这种弊病，便试图以自己的努力使清初知识界能从王学末流的玄谈中猛醒，担当起家国重任，探讨社会治乱之源。因此，吕留良对于王学的流弊危害，予以深刻的揭露。他说："道之不明也，几五百年矣，正、嘉以来，邪说横流，生心害政，至于陆沉，此生民祸乱之源，非仅争儒林之门户也。历朝诸君子知正其非，然卒不能穷其底里，奏廓清之功。"在吕留良看来，明朝正德、嘉靖以来，儒家正道学说早被掩盖不明，所以邪说泛滥横流，最终导致非常恶劣的结果，那就是明亡于清。虽然有些学者君子也批评王学，但都不能穷究到根源上，没办法肃清王学流弊的危害。吕留良指出王阳明正是邪说之源，他曾在给朋友的书信中说道："弟之痛阳明，正为其自以为良知已致，不复求义理之归。非其所当是，是其所当非，颠倒戾妄，悍然信心，自足陷人于禽兽非类，而不知其可悲。乃所谓不致知之害，而弟所欲痛哭流涕，为天下后世争之者也。"这就是说，王阳明的"致良知"说导致了"陷人于禽兽非类"，吕留良因此要"痛哭流涕，为天下后世争"。什么叫作"陷人于禽兽非类"以至于吕留良会为之"痛哭流涕"呢？其实就是明朝灭亡，清朝入主中原，中原文明之土陷溺于"蛮夷"之手，中原诗礼士族遭受外族的屠戮。这都是因为王学的泛滥，自信高明，不求义理，到最后国土沦丧于异族也还不知道可悲。吕留良在他的《真进士歌赠黄九烟》的附注中说道："崇祯末，有人拟一仪状云：'谨具大明江山一座，崇祯夫妇二口，奉申贽敬。晚生文八股顿首。'贴于朝堂，亦愤世嫉俗之忠言也。"作为一位学者和思想家，吕留良在自身亲历了家国丧乱之后，对明朝灭亡的原因进行了沉痛的探索，他的尊朱辟王就不是像黄宗羲的弟子及后学所说的那样，是因为个人怨愤，为了和黄宗羲立异才抨击王学的。吕留良自己也再三申明"非仅争儒林之门户也"，他力辟王学并非只是出于门户之争，而是为了明辨是非，维挽学风，明道救世的更重大、更崇高的目的。因为吕留良认为王守仁心学的泛滥，是导致清取明而代之的根源。

不过，吕留良痛斥王学，仍然被一些人误解。他的一些友人担心他陷入门户纷争的泥淖，写信给他规劝他不必攻击王学太过激烈。他却不以为然，解释说："至谓痛抹阳明太过为矫枉救弊，此则非某所知。平生于此事不能含糊者只有是非二字。阳明以洪水猛兽比朱子而以孟子自居，孟子是则杨墨非，此无可中立者也。若谓阳明此言亦是矫枉救弊，则孟子云云无非矫救，将杨墨告子皆得并骛于圣贤之路矣。且所论者道，非论人也。论人，则可节取恕收，在阳明不无足法之善；论道，必须直穷到底，不容包罗和会，一著含糊，即是自见不的，无所用争，亦无所用调停也。"也就是说，他自己痛批王阳明并不过分，因为这是有关儒学上的是与非的大问题，而不是讲论王阳明个人的人品德行的高低问题。儒学圣道上的是非问题是必须追根究底说个清楚明白，不能含含糊糊，是与非之间是无法中立调停的。就人而论，吕留良倒是能很客观地说王阳明也有可取之处，这确是符合历史事实的。王阳明也是位伟大的政治家、军事家、思想家，平定宁王朱宸濠的叛乱立下不世勋业，其豪迈雄伟当然有让后人取法之处。从这些可见吕留良的辟王不是出于个人恩怨，也不是门户之争，也不是对王阳明个人的好恶批评，而是出于对天下治乱的大是大非的问题的追究。所以吕留良抨击王学是非常严厉的，有时不顾世俗忌讳，就如他自己所说的："某所以宁犯不韪之名而不敢以鹘突放过也。"他是以坦荡之心在做坦荡之事。

再者，也有人说他攻击王学只是为了迎合朝廷科举考试以程朱一派传注为标准，这更是以小人之心贬低吕留良的用心了。不过他也只有再作解释，他说："果仅为制举家资云尔，则王何必攻，王非令甲所禁也。且某尊朱则有之，攻王则未也。凡天下辨理道，阐绝学，而有一不合朱子者，则不惜辞而辟之者，盖不独一王学也，王学其尤著者尔。"他说得不错啊，如果仅仅是为了科举考试这点小事，他就不必攻击王学了，因为朝廷虽然以朱注"四书"八股取士，但也并没有颁布法令禁止王学。因此，吕留良是以尊朱为宗旨，所以对于一切不合于朱学的学说都持反对态度，而不仅仅是针对王学一派，只不过他认为王学危害最大，必须花大力气去批评攻击才行。事实上，吕留良对于佛、道，还有以南宋陈亮为代表的事功派都是持坚决批评态度的。他生平最痛恨僧侣、道士以及修庙建观等事。康熙十二年（1673），吕留良在外地出游半载后返家，船行过崇德县北门时，看到有和尚以及当地的一些士绅正在规划建造一座寺庙，他马上就去劝止。但是人们觉得这是种福田积阴德的善事，都不听他的劝阻。他回家后一直耿耿于心，三天都睡不着觉，就为了想怎么能阻止寺庙的修建。他一边给参与捐钱修庙的朋友写信，要他们担当起卫道辟邪的责任，不应该参与佛家事务；一边让自己的学生董杲找到县令，列举出不可建寺庙的七条理由，陈说修建寺庙的不利之处。后来他的朋友说把寺庙规模缩小些，应该可以了吧，吕留良批评他是护短行为，不是贤者光明磊落的做法。最终，崇德县令下令不准建庙，已建的部分也命令毁掉。吕留良赞叹这样才是甚为正大，甚为光明磊落，是有大公德于崇德县的民众的，就像崇德县的语水溪一样长远无涯。

吕留良要批评阳明心学，必须先找出心学不对在哪里。

他通过分析指出，王守仁的良知心学是"阳儒阴释"的禅学，是背离儒家正统圣学的异端之学。他首先分析"心学"这一学派的名称，得出凡是讲"心学"二字都是被邪说惑乱，都是讲直指人心、见性成佛的禅学的结论。他认为儒家圣人之学是讲性与天的学问，而不是讲心的学问，因为有所谓道心还有所谓人心，就是说心是有善与恶的，不能单单只说求心之学，只有"心与性天合一，方为至善，方是圣学"。真正的儒家学说追求的目标是使心与性天合一，以达到至善的境界，才可成圣人。追求至善的过程虽然也是身心修养的过程，但是求至善并非只是向内专求自己的良知，不仅仅是做内省功夫，更重要的是考察外部事物，探求事物之理，然后启发心中固有的善，穷理以尽性，这就是"格物致知"。吕留良认为道理总是在外界具体事物上，不是先天就存在于人们心中的，必须通过对外物的研究才能认识。王学一派却以"致良知"来替代和取消格物，以明心来求理，完全是背离了圣学格物致知之说。吕留良批评他们是私心用智，阳明心学是在"援儒入释"，走向佛家释氏一路去了，根本就是异端邪说。而真正的儒家学说跟这些流俗外道是不一样的，应该是如朱子强调的在对事物的研究上和对日常生活的考察中下功夫。吕留良认为，研求圣学之道，讲求格物致知，必须以朱子之学说为依归，而绝不可舍物以求心。否则的话，就都成了禅学一流。

对于禅学，吕留良坚持的一种观点是："禅学"影响最恶劣，流毒也最广，都是禅学败坏了士人的志气，并最终导致政治的变化。而且他认为禅始于晋朝。其实所谓"禅学"，指的是佛教的禅观之学。"禅"的意思是心绪专注，在沉静中深入思虑佛法义理，原来是印度古代各教派修行的普遍方法。佛教传入中国后，随着禅经的翻译，也推进了禅学的兴起。汉魏晋期间，在中国就流行有"安般禅""念佛禅""五门禅""实相禅"等多种禅法。南北朝时期，禅学主要流行于北方，与南方流行的偏重义理之学相对。到隋唐时，佛教天台宗、三论宗倡导"定慧双修"，把北方禅学和南方义理学两者统一起来。唐代禅宗的出现，使得禅学进一步中国化。特别是慧能一派主张的直彻心源、见性成佛的顿悟方法对后世影响尤其巨大。吕留良指斥王学是禅学，实质上是批评明后期以来士人学者专向内心修养上作功夫，而忽视甚至封闭了追求智识的格物致知之路的风气，弄得一般的读书士人都没有报国安邦的志气和能力。他从批评禅学入手，进而尝试总结中国历史上清谈误国的教训。他说："今日之所以无人，以士无志也。志之不立则歧路多也，而歧路莫甚于禅。禅何始乎？始于晋。今中国士夫方以晋人为佳，而效之恐不及，又孰知有痛乎。"吕留良这里所说的"痛"指的显然是国家和民族的衰亡。不过，因为他自身的历史局限性，他只是片面地将国家治乱兴亡的根源归结为禅学。因此，他就将西晋的嵇康、阮籍，北宋的王安石、苏轼，南宋的陆九渊以及明朝的王守仁、李贽，一概斥为是以禅学导致"乾坤反覆""神州陆沉"的罪人。他说我们这一代人（**经历明、清易代的人**）都身受禅学的祸害，国家沦亡于异族，对于禅学本来应该是谈虎色变，而现在却还有很多人浸淫其中，那都是因为没有弄明白治乱之源之所在。其实，吕留良自己也没有真正把握社会治乱的根源，他把明朝的灭亡归咎于王学，这与历史实际相去甚远，将王安石等都一概斥为罪人，更是有失偏颇或是淆乱了历史的是非。但是他作为一个有良心和节气的学者和思想家在探索社会历史问题上已经作出了极大的努力，他试图以自己所能及的力量维挽清初的学术和社会风气，也是他的可贵之处。

在清初的历史条件下，吕留良否定了王学，但是以什么学说去取代王学？历史的桎梏使他无法提出更新的一些主张来，他毕竟只是属于那个时代的学者。他还是回到传统的儒家学说中去寻找依据。他认为"宋人之学，自有轶汉唐而直接三代者"，而朱熹又是集宋学之成的大师，因此他主张"救正之道，必从朱子"。

救正人心　表彰程朱

吕留良生活于明清更迭之际，"神州陆沉"的惨状，自然促使他去思索探究明朝灭亡的原因。在他看来，明亡的根本原因，在于圣人之道几近湮没，邪说异端泛滥流行。他将对社会治乱之源的探索，转而归结到学术得失的辨别上来。他认为，自从朱子之后，孔孟之道就没有真正得到传承，所谓的理学家都不是继承儒学真谛的正传，后世学者往往都背离了圣道，讲学之徒奢谈义理，王学异端空言心性，都是因为没有把握正道而惑乱理学，导致空谈亡国。那么如何挽救世道人心呢？吕留良主张"救正之道，必从朱子"，因为他认为朱子之学上承程张，远绍孔孟，是有大功于圣人之道的，所以吕留良极力尊崇表彰朱熹和朱子之学。他对程朱的思想学说，特别是朱熹的思想，可谓坚守笃信，终生身体力行。直到晚年，他还说："某平生无他识，自初读书，即笃信朱子之说，至于今老而病，且将死矣，终不敢有毫发之疑，真所谓宾宾然守一先生之言者也。"

他把朱熹推崇为儒家所定圣人等列内的头等圣人，绝"不落第二等"的，还说："凡朱子之书，有大醇而无小疵，当笃信死守，而不可妄置疑凿于其间。"他还说他自幼就抱有这些看法，也就是说他尊朱的思想由来已久，十三岁时就和他的姐夫朱声始谈论朱子的《四书集注》，推崇朱子的注解和圣人的说法最吻合。朱声始也就注意引导和教育他，吕留良也很喜欢跟着这位姐夫讨论学习。正如吕留良自己所说的，他平生并没有什么师承，只是从小读经书时，就深信朱子的注解，又由于朱子的注解而崇信张载等宋儒，又因为这些宋儒而崇信孔孟之道的。他把朱熹而不是其他人看作孔子、孟子之后的儒学正宗的继承者，要发扬张皇儒学，自然应该尊朱，他的这种见解在和陆文霦一起评选八股文的时候也是表现得很明显的。他和陆文霦选《五科程墨》的时候，在作的《五科程墨序》中说，他们评点八股文是要让世人明白，作文章要根据"理"来作，他们的评点工作的目的就是要让孔孟和程朱之书"灿然复明于天下"，如天地日月一样永恒。这个时候他是非常推崇程朱的。后来，他认识了黄宗羲。黄宗羲是余姚人，宗尚的是他家乡的先达王守仁的学说。吕留良和黄宗羲二人在学问上，一个宗朱，一个宗王，二人最终的感情决裂，这一点也是有影响的。有一次他们讨论各自家乡的好茶好泉水，写出几首唱和的诗来，其中都显露出各自主张的学术宗派竞争的机锋。到康熙八年（1669），吕留良迎请当时著名的理学家张履祥到吕家家塾任教。他和张履祥互相切磋，其尊朱的行为就更为切实了。吕留良将自己家的正厅题名为"力行堂"，意思就是要身体力行程朱的学说主张，而且他的《力行堂文约》中有一条规定"不遵信朱子者勿与"，可知他的推崇和趋向。另外张履祥还劝他刻程朱遗书。因为吕家自己开设了"天盖楼"书局，所以他和张履祥一起编刻了不少程朱遗书，刻有《朱子遗书》初刻八种，二刻七种，还刻了《二程全书》《朱子语类》等书。仅其所刻《朱子遗书》初辑，就有《近思录》《延平答问》《杂学辨》《中庸辑略》《论孟或问》《伊洛渊源录》《谢上蔡语录》等。在朱学一度式微的情况下，许多人研读程朱的著作，就是借助吕留良编刻的这些书籍。这对于流通程朱的学说功不可没，是他对程朱之学的一大贡献。

吕留良不仅大量刊行程朱遗著，而且更重要的是他竭力辨明朱子学说的真谛，所谓要"真得紫阳之是"，这样才可以"正姚江之非"。紫阳指的是朱熹，姚江指的是王守仁。就是说要想对付阳明心学一类的异端邪说，首先要真正了解把握程朱学派的思想真谛。吕留良曾说过："从来尊信朱子者，徒以其名，而未得其真。"他对于宋元之际的朱门后学吴澄、许衡非常不满，痛骂他们身为宋人，却出仕元朝，这在大节上是有亏的，对士林影响极坏。吕留良认为就是像吴澄、许衡这样的所谓朱子之徒，败坏道义，不能坚守气节，天下人还以为他们是传承朱子学说的道学先生，不知道真正崇信朱学应当如何去做。他说："此义不明，使德祐以迄洪武，其间诸儒失足不少。"从南宋灭亡后一直到明朝建立，这期间所谓儒者都失足不少，他们都不明白吴澄、许衡出仕元朝这一点已经是大错误，未曾开口已经"赢得满堂不是耳，又安问其所讲云何也"，根本不必再看他们讲论理学到底讲了什么。因而吕留良得出了如下结论："紫阳之学，自吴（澄）、许（衡）以下，已失其传，不足为法。""偌大世界，不曾见个真程朱之徒。"他以极大的魄力对几百年来朱子学说传衍的历史来了个全盘否定，并且向当时的知识界提出了对朱熹学说进行再认识的课题。

那么，什么才是朱熹学说的"真"和"是"呢？吕留良说这个问题需要认真研究辨别，因为"德祐以后，天地一变，亘古所未经，先儒不曾讲究到此，时中之义，别须严辨，方好下手入德耳"。德祐是南宋末代皇帝恭宗赵㬎的年号。元兵攻破临安城后，恭帝被俘虏到北方去，南宋灭亡。他这里显然是以南宋亡于元，暗示明之亡于清，都是天地巨变的时候，"先儒不曾讲究到"的"紫阳之是"是什么呢？那就是士人在形势巨变面前，只有坚持民族气节，才算学得朱学的真髓。吕留良指出，朱子之学不仅讲求格物以求理，而且尤其注重处世之节义。所以他主张："今示学者，似当从出处、去就、辞受交接处画定界限，扎定脚跟，而后讲致知、主敬工夫，乃足破良知之黠术，穷陆派之狐禅。"他反复强调做人的根本，要在"出处、去就、辞受交接处"这样的日常事务行为上下功夫，立足现实，经世致用，才能真正领悟朱学的真谛，也才能有实际的能力去抗衡以及排除陆王心学派的影响。因此，吕留良并非像某些迂腐的道学夫子那样盲目地尊朱辟王。他是针对南宋以来一些学者不能领会朱学的真谛，特别是在明末清初的时代遽变之中，一些人不能坚定民族立场，而投降、做官、考试等情况。这些人入手已错，如何还可以讲朱学？吕留良是紧密结合当时形势，有的放矢的，他曾指出"今日之所以无人，以士无志也，志之不立，则歧路多也"，为此，他特别强调在民族大义的根本点上，必须是非鲜明，站稳脚跟，坚守志节。所以，吕留良对朱学的阐发，自有其独特的贡献。

由此可见，吕留良所寻求和表彰的"紫阳之是"，首要的就是为人处世所应坚守的节义志操。他的朱学立场，以出处、去就为第一义，特别强调立身行己功夫，这是他与清初其他尊朱学者不同的重要特点。他坚持"人必取舍端正，而后可以讲存养"。他认为当时的一般士大夫在立身大段上都没有下功夫搞清楚，不知道应该保持怎样的操守和立场，却去一味地谈心说性，吕留良认为这样"岂不可笑"。他是看到明末亡国之际，一些所谓讲学宗师，端居高堂，袖手畅谈心性，而当外族入侵、国家种族陷于沦亡覆灭的时候，却又无补于实际，甚至为了利益富贵而"丧身失脚"，做出对不起祖先和后代的无耻的事情来。他说他都不知道这些讲学宗师到底在讲些什么，也就是说吕留良认为这些所谓的讲学宗师讲的都不是真正的朱学，只不过是欺世盗名罢了。他在时文评语中曾写道："近来多讲朱子之学，于立身行己，未必得朱子之真，其忧有甚焉者，开堂说法，未开口时，先已不是，又何论其讲义语录哉。故今日学人，当于立身行己上，定个根脚。"世人为学，内以修己，外以治人，都必须以立身为本，不是先着急去学什么关于心性的高妙之论，也不是先去学什么文章之法，而是先要在立身行己上定个根脚，这才叫立其大者，这才是入道之门，这才可以成为儒家学者。而吕留良自己正是身体力行着这个信条，他弃去诸生，不与清廷合作，而被清世宗雍正斥为"狎侮圣儒之教，败坏士人之心，真名教中之罪魁也"，以致他去世四十多年后还遭到清廷戮尸枭首。而同样为黜王尊朱的学者陆陇其，因为清廷所用，却在死后以理学名臣而获得从祀孔庙的殊遇。

其实理学家陆陇其，就是在吕留良的影响之下，才成为朱学笃信者的。吕留良同陆陇其相识，是康熙十一二年间的事情。据陆陇其称："陇其不敏，四十以前，以尝反复程朱之书，粗知其梗概。继而纵观诸家语录，糠秕杂陈，瑜玦并列，反生淆惑。壬子、癸丑始遇先生，从容指示，我志始坚，不可复变。"可见吕留良对陆陇其学术趋向影响非常之大。陆陇其对吕留良之学也是极为称道，指出吕留良将王学"破其藩，拔其根"，功绩卓著。他说："先生之学，已见大意，辟除蓁莽，扫去云雾，一时学者，获睹天日，如游坦途，功亦巨矣。"但是二人的尊朱宗旨却不同，最大差别就是在出处上。吕留良弃去诸生那年，陆陇其考中举人。再过了四年，陆陇其又考中了进士。过了几年之后，陆陇其得到做嘉定县知县的机会，他便和吕留良商量是否要出仕清廷。吕留良劝他不要出仕，而陆陇其没有听从，所以陆陇其在给吕留良的儿子吕葆中写的信中说："不佞服膺尊公先生之学，有如饥渴，所不同者出处。"所以陆陇其身后，清廷对他褒崇有加，他成为清代第一个从祀孔庙的理学家，俨然一代儒宗。实际上陆陇其尊朱抑王的议论，多半是蹈袭吕留良之说。只是吕留良尊朱的宗旨在于警戒世人成为许衡、吴澄（他们以汉人而出仕元朝外族），陆陇其就不免是在教人成为许衡、吴澄了。

吕留良的这种强调立志重节的尊朱辟王思想，旨在救正明末清初的人心风俗，黜除王学异端，在当时具有重要的社会学术启蒙作用。他自己也强调朱学绝不仅仅是为了制义科举而设的，而是承担了辨明理道是非，阐释千圣绝学这样的崇高使命的。他的思想和活动，深为当时学者所重视。王弘撰曾说："近时崇正学、尊先儒，有功于世道人心者，吕晚村也。"戴名世也评价说："吾读吕氏之书，而叹其维挽风气，力砥狂澜，其功有不可没也……二十余年以来，家诵程朱之书，人知伪体之辨，实自吕氏倡之。"阮元也认为吕留良"实能于圣贤心事曲曲传达……其所著作皆具大手笔，于世道人心煞有关系"。因此，吕留良在清初以崇正学、救人心而名声远播。他是清初穷治乱之源、正世道人心的重要启蒙思想家，其思想及活动对清代的社会文化均产生了深远影响。

廓除讲章 通经博古

吕留良以坚定的尊朱辟王的面貌出现在清初学术界，成为清初倡导朱学的有影响的学者之一。但是，他的尊崇朱学和当时其他尊朱者不同。他是在明清之际，以经世之心，关怀社会实际，以提倡朱学的方式来阐发自己的思想。比如，他评点的"四书"，虽然说是遵循程朱一派的注解，但是在其中引申推论，感怀世事，许多地方是借程朱言语之端来发挥自己的思想，并借以抒发他的忧世情怀。所以，《续修四库全书总目提要》评说《四书讲义》"自成吕氏之书，非一般遵朱不敢失尺寸者可以同语也"。即从吕留良的理学思想方面来看，他并不是亦步亦趋地照搬朱子之说，而是在新的历史条件下，在应对学术界的现实状况和社会问题的挑战下，以推崇朱子为旗帜，以阐发朱学的"真"与"是"来探求学术发展的新路。钱穆先生曾这样评价吕留良的尊朱思想："晚村推奉朱子，实有创见，卓然流辈之上，为有清一代讲朱学者别开生面。"吕留良的尊朱辟王并不是简单地向朱学的回归，他讲的理学也就不完全同于朱子的理学，而是顺应时代的发展，以经世致用为学术之指针。吕留良的学术思想已融入明清之际的实学思潮当中了。

明清之际，是一个大动荡的时代。深重的社会危机，曾经使许多有作为的知识分子，把自己的命运同国家和民族的存亡紧紧联系起来。他们在历史舞台上，演出了一幕幕有声有色的"经世致用"的活剧。"经世致用"，成为清初波澜壮阔的学术潮流。吕留良也为这一巨大的历史潮流卷至浪端，登高呐喊，留下过自己的足迹。吕留良一生为学，虽然因误入科场而走过一段弯路，但是归根结底，仍然可以说是从"经世致用"开始，而以"经世致用"终结。时当明朝末季，他十三岁就参加文人结社。而后，随着社会危机的加剧，社事"一变而大乱"，他于是转而致力于"论列古今及当世擘画"的"经世致用"之学。康熙五年，在毅然弃去功名绝意科举之后，更把探寻"治乱之原"作为自己的为学宗旨，以自己的努力试图使知识界从王学末流的玄谈中猛醒，转向现实社会治乱之源的探讨。

鉴于明末以来学风的败坏，士林的寡廉鲜耻，吕留良痛心疾首，执着地去追根寻源。他一针见血地指出："今日文字之坏，不在文字也，其坏在人心风俗。"在吕留良看来，人心风俗大坏的祸根，就在于王阳明之学，而阳明心学的泛滥流行，其因之一则在于朱子后学背离圣人之道，徒兴讲章俗风。他说儒家正学，自从朱子殁后，就没有人能够再发扬光大了，再往后传更是失却了儒学本旨，像元初的吴澄等人都是背叛了朱子的师说教诲。只有讲章之派，倒是日繁月盛。所谓讲章，是为学习科举文或给皇帝等统治者经筵进讲而编写的"五经""四书"的讲义。这些讲义当然都是恪遵功令，唯当政者是尊的，不敢有自己的半点发明和主张，完全遵循朝廷的旨意。真正的儒者之学因此而逐渐覆亡，所以社会上只有一心猎取声名利禄，不究实际实务的庸腐之儒。这些腐儒都是自以为研读圣人之书，传学孔孟之道，其实只不过是在八股取士的制度下，为博取科举功名而专门研习讲章制艺的书蠹而已。吕留良批评这些人都是"其耳目无所开，其心思无所用，游谈妄议，武断乡曲以为蠹"，他觉得"如此而人心不坏，教化不坏，事业不损，衣食不耗，而无害于国家者，未之前闻"。二百多年的八股考试的制度，已经把程朱的学说变为讲章，腐化到极端了。所以要救正人心风俗，必须廓清讲章之谬，重倡立志重节的正气。他曾说："此余向欲尽去天下讲章也。讲章之说不息，孔孟之道不著。"讲章俗风的兴盛导致儒家正学尽失本旨，也正是因为讲章的腐烂陈旧，使得人心厌恶旧说，从而在思想上产生解放自由的趋向，而王学正是强调务求自得，自发挥其良知，也就不免流行起来。吕留良认为这是王学异端兴起，良知心学泛滥流行，形成空谈心性的疏漏学风的重要原因。因而，为了正本清源，吕留良不仅否定了王学，而且还把矛头指向八股取士制度。他指出："自科目以八股取士，而人不知所读何书。"只知道读讲章，考科举，谋功名，所谓的读书人大都成了些空谈心性、不切世用的"庸腐之儒"。吕留良对这样的庸腐之儒进行了猛烈抨击。他说："今天下有坏人心、乱教化者若干人，去之可以强国，而奸民窃盗不与焉；天下有损事业、耗衣食者若干人，去之可以富国，而冗兵滥员不与焉，则庸腐之儒是已。"抨击"庸腐之儒"的目的在于"富国""强国"，这当然就不能仅仅看作理学的门户勃豁了，而是吕留良的"经世致用"之论。

吕留良生当明清之际，又因为家庭的影响，少年时代即参与社事。虽然得以结交一些集会名士，但是也从中深窥士人争与为社的弊病。所以他曾深刻揭斥明中叶以来，整个社会存在的结社风行，徒争门户，却又空谈不务世事的俗风陋习。而且他指出，明代士人的争相结社，徒争门户派别的结果，是使得天下精神凋敝只余声气交接，禁锢了当世迫切的实务而专剩下了空谈。造成整个社会没有经世致用之人，天下之人缺少礼义廉耻的志节。因而当明清易代之时，那帮畅谈心性的讲学宗师根本无补实际，还出现了无耻的投降者。他曾痛切地批评那些自以为识时务、很聪明的"避难降臣"都是些没有廉耻的狗腿子。吕留良认为这都是因为孔孟之道、程朱之学的湮没衰落，只余王学异端和庸腐讲章之说，形成了空谈心性的疏陋学风，最终导致了明朝覆灭的大祸害。于是，吕留良反思儒学的发展，他要对理学做廓清惑乱的努力。

清初，理学已是强弩之末，理学界更是一片混乱。这不仅是理学的危机，也是传统儒家学说的危机。所以，吕留良一再地发出"吾道日衰，正人代谢""世教日敝，学统几绝"的喟叹。而且他认为"今不特儒者绝于天下，即文章训诂皆不可名学，独存者异端耳"。读书人不研读儒家经典，却攻背朱子之注，导致了学者于"先儒之精义与古人之实学，初未有知，亦未尝下火煅水磨之功"，不肯下切实的功夫研究学习，到头来"今日讲学之徒，开口高谈性命，率遇小事便不能办"。他认为"理学惑乱"局面的形成，"其原，则从轻看经义，不信章句、传注焉始"。究其原因都是由于不重视原典经文，信奉朱子章句、传注造成的。因此，吕留良主张"通经博古"，试图以经学去济理学之穷。他把"通经博古"同"明理学"相提并论，把这两者看作同等重要的事情。他大声疾呼"不学六经，不足通一经"，主张"学宫士必通经博古，明理学为尚"，又说"其为文也，亦必取资于六经、左、国、庄、骚、史、汉"。

清朝封建统治者虽然推重程朱理学，但是以维护其专制统治为转移的，可以视理学为手中的玩物。这就难怪有清一代的理学家，要以讲程朱理学作为自己荣进的阶梯，而与清廷尔虞我诈了。所以理学在清代形同枯槁，理所当然，不可逆转。以经学济理学之穷，直至取代理学，这是清初学术发展的大势。吕留良的学术实践，正好顺应了这样一个趋势。吕留良置身于学术风气转换的历史时期，他意识到了理学的深刻危机，试图以阐发朱学的"真"和"是"来探求学术发展的新路，尽管由于历史的局限，这种探求不可能走得更远，依然只能从传统的儒家学说中去寻找依据。但他的尊崇朱学，充实进了新的时代内容，发出了他自己的经世致用的呐喊。

第4章

东海夫子　精研理学

　　吕留良笃信程朱理学，深受朱熹主张格物穷理的影响。他提出了"心独不可以言学"的观点，从根本上对陆王心学进行批驳，并提出"事物之理即吾心之理"的观点，他强调的是在事事物物上寻求道理。他关注"慎独"问题，指出以慎独之功成就诚意之实，才能不使人自欺。而且，针对王学一派关于慎独问题的错误理解，将"独"说成"独体"，吕留良指出"独"仅仅是就时间境况上来看的，强调的只是人所不见之地，他将"独"只限定为某一种境况时段的描述，认为不能将其说入心体之中，说入玄妙。他强调为人首先要端正取舍，以义为归，才能去讲其他，所以他又对义利之辨提出了自己新的见解。这些都显示吕留良对于朱学不是没有贡献的，在当时他就被人尊称为"东海夫子"。

明析心理关系　详论格物致知

"心"与"理"是中国哲学史上重要的哲学范畴，也是宋明理学的重要范畴。北宋程颢、程颐把"理"作为他们哲学的最高范畴，认为"天下只有一个理"，一切事物都不外乎是理的体现，而理是客观自然的、普遍的、唯一的、完备不变的。南宋朱熹继承了"二程"的思想，并加以发挥，认为道和太极也都是理。太极是理，阴阳是气，太极生阴阳，也就是"理生气"，先有理，后有气，理气结合产生万物。朱熹认为理只有一个，分别在不同的事物中会有各种不同的内容和形式，这叫"理一分殊"。朱熹是理学的集大成者，他与"二程"连称，则是"程朱理学"。而陆九渊却倡言"心即理"，提出"宇宙便是吾心，吾心便是宇宙"的说法。明代王阳明（王守仁）主张理在心中，并明确提出"无心外之物""无心外之理"的"心即理"说，以心为天地万物的本原。陆九渊和王阳明连称，则是"陆王心学"。吕留良是坚定的程朱理学一派的拥护者，对此，他从"心不可以言学"和"事物之理即吾心之理"两个层面，对陆王心学以及他们的"心即理"说进行了批判。

第一，他明确提出"心不可以言学"的观点，从根本上去否定心学一派。

他说："天也，性也，理也，道也，皆可以言学，心独不可以言学。"就是说，可以有所谓天学、性学、理学或者道学，就是不可以说有什么心学。为什么呢？吕留良认为："心者，所以为学之物，无以心为学者。"就是说，心是思维的器官，不是思考的对象和目的，所以不可以心作为学问研究的目标，否则的话，就像是骑着驴子找驴子一样，怎么找得到？学问的目标应该是探求事物之理。只有佛家释氏才以心作为最高等的范畴，以为天、性、理、道等都是出于心之下的，都是心派生出来的，才有所谓"心学"的说法。其实，如果我们考察一下，在儒家经典所谓"六经"之中，本来是没有"心学"这样一个概念的。"心学"作为一种思想体系的指称，大约开始出现于南宋末年。然而，"圣人之学，心学也"则是明代王阳明所说的一句名言，与王阳明同时的思想家湛若水也说过类似的话。总之，随着阳明学的出现，"心学"一词几乎成了当时学术界的一种流行语。不过，也有人提出批评，明代的唐伯元就曾提出"六经无心学之说"，对心学这一概念之本身作了全盘否认。唐伯元之所以反对心学，是基于他对心与性的关系的理解来反对的。那么吕留良为什么反对心学呢？

首先，吕留良认为所谓心学，实际上就是释氏佛家之学，是非圣枉道之学，他把心学排除在儒家圣学之外。他认为"盖吾儒本天，释氏本心"。只有佛家释氏才以心为学问立论的根本。而且，他考察分析《大学》经典，提出《大学》中没有强调注重心的意思，儒家学说的出发点是本于天的，而不是以心为根本。《大学》中讲"尽心""存心"等都是只可以当作通过考察研究外界事物之后获取了知识来理解，单单说心的话，就是本心之学，就不是儒家圣学了。因此，他明确指出："凡以心学为圣学者，即禅学也。"这是直接针对王阳明所说的"圣人之学，心学也"提出了反对，也就是指出王阳明心学之说的实质就是释氏佛学，他将王学斥为"阳儒阴释"之学，表面上是儒家学说而内在实质上却是佛学，并且认为这是导致"理学惑乱"的极其重要的原因。而且，他认为人们学习提升自己的修养，追求成就君子人格，追求做成圣贤的功业，都只要明晓事理来恢宏儒家大道就好了，要去追求了解、认识心干什么？说什么去认识自然之心，尤其是邪说异端。所以他强调，"谓圣学都在心上用功夫则可，谓圣学为心学则不可"。就是说，可以说儒家圣学注重在心上用功夫去明辨事理，但是不可以说儒家圣学就是心学。

其次，吕留良认为以心为学，势必造成封闭追求知识的格物致知之路，转而专向内心的修养上作功夫。所谓"格物致知"，是中国宋明道学关于认识论的学说，最初来源于《礼记·大学》中"致知在格物"这句话，是讲道德修养方法的命题。到宋代程颐才把格物致知作为认识论问题加以讨论，认为格物是就探寻事物而穷究其理。朱熹加以发挥，提出"即物穷理"说，认为格物就是穷尽事物之理，通过对具体事物的研究，启发心中固有之理。而明代王阳明则认为，格物即是正心，致知即是致吾心之良知，格物致知都在心上下功夫，以达到对良知天理的体认。心中的良知就是天理，是将心与理合而为一了。这也就是说，王阳明认为致吾心之良知就是致知，因此，只需重视内在身心的修养而不必注重外部知识的追求了。这种趋向于向内的一路的弊病，自从明代末季以来充分显露。一般的士人都不务实际事务，"高明者参佛说以自文，庸碌者借讲章以自掩"，也就难免在面对国家危难的时候，在异族将要入主中原的情况下，没有担当救亡的实在能力。吕留良对此深为痛心。因而，他十分强调格物致知，希望能将向内的务求自得转而向外对知识的追求之路，主张向外研究事物之理的"格物穷理"，反对专向内的"致吾心之良知"的内省。为此，他对王阳明的"致良知"之说提出了质疑。

他先辨明"良知"的意思，他认为"良知"只不过指人心中固有的人性的善端，就是孟子说的"不虑而知者"，我们今天来理解，就是指天赋的道德知识。既然是自然天赋的，就不是需要后天去学习研究得来的，就不能说什么致"良知"之学，因此"致良知"是无理无用之学。

在吕留良看来，"良知"当中的"知"与"格物致知"中的"知"二者是不同的，良知之"知"是人本然固有的，是不必学虑而自然可见的，所以是不需要去"致"的。格物致知之"知"则不同，它不是人所固有的良知，所以才需要去"致"，需要去研究探寻，需要去思虑考察。良知与致知的含义是不相同的，两者根本不可以牵合在一起来讲，王阳明完全是曲解了曾子与孟子关于"良知"的论述，只不过借用了他们的语言来阐发所谓的"致良知"之学。吕留良所反对的正是王学一派以这个"良知"作为"致知"的对象，从而摒弃了向外的知识的追求。而王阳明却正是主张"致吾心之良知者，致知也"。王阳明认为致知是指人扩充自己内心固有的良知，而不是扩充对外界事物的认识知识，这恰恰是吕留良所深为痛恨的。吕留良主张的是"物格知至"，是对事物之理的考察与穷究。他批评以心为学，专注内心修养，则会以读书为务外，祸害了多少读书人，如果以心为学，便会以读书为琐碎麻烦，以读书为认识把握事理的障碍。而儒家圣学正是要由读书而穷理，"物格"然后才能"知至"。

再次，吕留良认为以心为学，则在为学功夫上便去讲究直悟本体，倡导顿悟的方法，而以格物为支离琐碎的务外功夫，忽视学习思考，完全颠倒了为学次第。他说真正的儒家所谓探求把握的是事物之理，要知晓事理当然需要经过考察事物的过程。而讲心学一派的人追求把握的是心，要洞悉内心就必须先除去外界事理的遮蔽和障碍，才好直指"心"这个本体。这样一来，就会强调顿悟、直接体悟的方法，学问功夫也就和事理没有什么关系了。或者另外一类自以为调和两边，主张先去把握心这个本体之后再去穷究考察事物，那就是阳儒阴释之说，是弄反了"学识"和"一贯"的关系。吕留良以为应该是先"多学而识"，而后才可以"一贯"的。所谓"一贯"原是指《论语·里仁》中记载的孔子说"吾道一以贯之"，意思是孔子的思想以一个基本原则贯穿着。这个"一以贯之"被简称为"一贯"，"一"有唯一的意思，是最高和最基本的原则。最高和最基本的原则必须通过多方面的学习才可以领会，就是"多识"然后"一贯"。所以吕留良认为那些主张学识非而一贯是，或者以为一贯先而学识后的说法，都是以"心"为知觉的对象，是释氏之见或阳儒阴释之说。而儒家圣学必是先学识而后一贯的，不遵循这个方法即是惑乱圣学之说。他以为这是造成士人癫狂虚妄的缘由。他主张为学的功夫次第，乃下学上达，博文约礼，很是反对顿悟以及空虚的对于一贯或本体的追求。

他说，自从南宋陆九渊倡导只空谈一贯，以为是先立其大者，以为是抓住了儒学真谛。后来的陈献章也继承了这样的思想，到王守仁更是彰大了这一派的学说。吕留良这是在为学功夫问题上揭露陆王心学之源，并详述其流，认为他们颠倒了博文约礼、下学上达的儒家为学的次第，慨叹由于心学的空言一贯，讲求立乎其大者而导致了士人都热衷相与空谈却不着实事实务，以至于生民之事、家国之计无所关注，最终酿成明朝覆亡的"亘古所未经"的变故，这最是吕留良引为"可悲可痛"的地方。

吕留良认为人生之事，包括一坐一立，没有什么不是经由学习而来的，所谓有物必有则，都需要去考察穷究出个道理来。如果劈头便讲一贯的话，什么都还不知道呢，那么一是一个什么，贯又是贯个什么呢？只有平素讲究学问思辨，下功夫长久积累，才可能豁然贯通，这才正是圣贤的穷理之学。他一再地强调凡事由学，即是强调知识的重要，反对陆王心学立心为学，以"吾心"为天理而不假外求的说法。

最后，吕留良认为心学错在立心为宗旨，以心为最高准则，这样不仅会舍弃对知识的追求，而且也会因此是非不明，丧失统一的道德标准。他指出，"是非从天出者一定"，即以天理为准则，是与非可以依据天理来辨明。"从心出者，万变而未有已也”，而以心为准则，却是一切都由自己个人来判定，那就会是变化不断的，无法确定是与非了。他指出这是因为心学悖谬了儒学，而用的是佛道两家的主张，认为天下没有确定的道理，一切都是唯我心所造。像这样以为天下没有一定之理而完全以自己个人意志为准则，也就会在行为上失去约束而走向狂妄。以自心为则，便会无所不可，这也就是明季之末心学泛滥，因此造成世人狂妄不羁甚或诬枉圣道，立身无节气甚至卑鄙无耻的原因。

吕留良正是通过上述对心学的批评，得出了“心独不可以言学”的结论。当然，仅仅从批评的角度来得出这样的一种结论，还不足以从根本上来否定王阳明的心学。于是，吕留良又试图从学理上来分析“心即理”的不合理性，提出了“事物之理即吾心之理”的观点。

第二，提出“事物之理即吾心之理”，辨析心与理的关系。“心即理”是陆王心学最基本的观点。陆九渊曾提出：“人皆有是心，心皆具是理，心即理也。”就是说，每个人都固有道德意识，也就是都有仁义礼智之心，而仁义礼智之“心”就是道德伦理之“理”。而且，陆九渊还进一步把这个先验的道德意识夸大成为充塞于天地宇宙的普遍之理，成为自然和社会都必须遵守的抽象原则。认为宇宙间万事万物之“理”和人心之“理”完全相同。王阳明更认为，“心外无物，心外无理"，"物理不外于吾心，外吾心而求物理，无物理矣。……心之体，性也，性即理也"。这说明，无论是陆九渊还是王阳明讲的都是心外无理，以心来统摄理，理仅仅是心的不同表现形式而已。与陆王相反，程朱理学则认为"天地之间，理一而已"，理不仅包含了事物的本质，而且也表现为事物发展的规律。如朱熹就说过"凡有形有象者，皆器也。其所以为是器之理者，则道也"。凡是有具体形象的就是所谓器物，而决定一个器物本质的就是所谓道。朱熹认为"心具众理"，同时他还认为"心外有理"。在朱熹看来，理的全体虽然可以具于心中，但是事事物物也各有理。如果不穷尽事物之理，则心中之理不明，也就不能实现心理合一。心具众理，并不是说心与理可以直接等同，而是因为心能够具众理，心与理才有了"合一"的可能，如果要将这一可能性变为现实，那么就必须经过即物穷理的修养功夫。然而王阳明则认为"心即理"，且认为"心外无理"，所以反对向外"求理"。在王阳明看来，心之本体即是理，能自我体认心之本体便是穷理，于是心和理是合一的。如果承认心外有理，向心外求物理，就是"心理为二"，而不是"心理合一"。他批评朱熹说："晦庵谓'人之所以为学者，心与理而已，心虽主乎一身而实管乎天下之理，理虽散在万事而实不外乎一人之心。'是其一分一合之间，而未免已启学者心理为二之弊。"认为朱熹有分心与理为二的弊端。

对于朱熹和王阳明对于心与理所提供的解释，吕留良一方面坚决反对阳明心学的心即是理、心外无理说，因为这就意味着以心来取代理，而不事外求功夫，就落入空虚玄妙的体认与直觉了。他说："性即理也，天即理也，不曰心即理也。"意思是说，性和天都是理，但不可称之为"心即理"。另一方面他又主张心与理不可以二分。他说："事物之理，即吾心之理。何烦合也。"吕留良认为，事物之物理就是我内心本来具有的性理，不必以求事物之理来迎合吾心之理。但是他并不因此而认同陆王心学"心即理"的主张，即并不认同可以放弃对"事物之理"的穷究而专事"吾心之理"的发掘。吕留良所强调的是通过对外物的实理探求，由外物之理来印证内心之理，即他所说的"物我一理，才明彼，即晓此"。他认为"只舍外，便敝内。不是两事"。换句话说，不去外求物理，就是不明内心之理，外求物理与明内心之理是同一个过程，不是两件事情，也不是相关的两个过程，因为外边之理即是里边之理。吕留良批评陆王心学不事外求物理的毛病，那是因为他认为外边义理无一不是体现里边之理的。那么何以外边之理就是里边之理呢？他从"吾儒本天"之说来寻求根据。他在阐释《论语》中"道不远人"这句话时说："看一个人字，便见道理是个公共底，故曰本天。可知外面道理无非我里边道理。"所谓"本天",就是指本于天下之理,道理既然是公共相同的,所以不分内外。既然外边的道理即是里边的道理,二者是一致的,也就不必鄙薄探求物理为粗陋低下的事情,而以为思索内心就是高级精致的学问;也就不需要说外求物理是为了反求自己内心,这样拆裂为两截。可见吕留良在心与理的问题上,根本地还是不同意王阳明"故我说个心即理,要使知心理是一个,便来心上做工夫"的主张,而是一再地强调在事事物物上寻求理,这显然是深受朱熹主张格物穷理的影响。

由于受到心学的影响,明代一般的学者士人都以本心的修养操存为高级精妙,而以事物之理的考察为鄙下粗陋。吕留良有感于自从陈献章、王守仁以来,风行天下的都是本心力行学说,而不求义理的现状,他希望消除这种王学弊端的广泛流行,从而去倡导格物致知。他说向外格物致知正是内心修养的需求,他指责"致良知"之说是分内外为二,并且专事内在的修养,而摈去外面的一切,结果是所追求的内在修养也成为一种虚妄,可以说吕留良主观上还是强调内不离外的。所以他批评舍物求心是私心用智,他说道理总是在物上,所谓在物为理,那么了解理就不可以舍弃外物而只求之于内心,求事物之理其实也就是穷内心之理。正因为如此,他对于"格物穷理"更有进一步的辨别。他认为格物穷理不是与内心涵养毫不相干的外边粗鄙之事。吕留良主张的格物穷理，是要讲求精神义理的，而不仅仅是在琐碎物件之上徒费精力，玩物丧志，即不仅仅是要有格物之力，重要的是还要有穷理之功。所以他以为格物之"物"不是只指有具体形态的器物、物件之物，而是指事与物而言的，他说："物，犹事也，不单指人物之物。""物，犹事也。古人训物字，皆兼事物而言，不止动植形容之物也。"又说："物，事也。原兼事物言。人但作物件之物看，正犯朱子辨一草一木之非，而伯安误以竹子致病也。"吕留良认为王阳明所谓"格亭前竹子七日致病"（王阳明为了看看"格物"能不能"致知"，一连七天静坐在书院里观察竹子，也就是"格"竹子，想悟出竹子的道理。他废寝忘食、目不转睛地看着、想着，一直坐得支撑不住而病倒了）。就是因为以为物仅为物件，仅为像竹子这样的外在植物一类的器物，并且他引用朱熹的话说："为格物之学，不穷天理，明人伦，讲圣言，通世故，乃兀然存心于一草一木一器用之间，是何学问。如此而望有所得，是炊沙而欲成饭也！"当然，朱熹的格物之说是注重穷天理、明人伦的，但其实并不排斥一草一木，朱熹也是赞同程子所说"一草一木，亦皆有理，不可不察"的。而吕留良的理解则以为格物是为了明理，明理才可以捍御抵抗不正当的外物诱惑，捍御之功必须穷理，否则捍所不当捍，抵御的对象都弄错了，误入歧途。他说："故必先穷理，然后能清明其质，而捍御不谬耳。"吕留良认为，陆王心学一派以穷究事物义理为务外，必欲摒弃外求物理，这就是不应该捍御的而去捍御了。而陆王心学一派陷于狂禅，则是应当捍御佛教的而没有去捍御。至于陆王讲立大体、致良知，实际行为表现出的却是骛于功利权诈，这是自以为已经捍御外物而实际并非能够捍御的。凡此种种谬误都是由不曾穷理得来，而不能穷理即为格物之失，所以王阳明的错误就在此一点上。吕留良以为格物的目的在于捍御外物，这是由知识领域转入道德范畴，格物致知是要获得"真理"，穷理后是要能明天理、灭人欲。在吕留良看来就是要去除功利之私、权诈之奸，发扬心中至善，并且是内外一致的。他强调外即是内，就是力图克服只把格物致知看作极粗的事，而与心性的修养锻炼无关的弊病。所以他批评把外面的一切道理看成与里面的本体毫不相干的说法，他说这完全违背了圣贤的心性观点。

在吕留良看来，圣人之学既是讲求物理，也是注重心性修养的。他说："圣学未尝轻看心也。但必合性天而后谓之心耳。"不轻视心，但须合性天而后谓之心，即是要有知性知天的探求过程，也就是要给心以约定，防止只从心上作功夫。他肯定没有此心则此理就没有显藏之处，但是又强调不明理则不能尽心，所以不能直接只在心上作功夫，而必须是格物穷理便能尽心，即是知性知天而尽心。所谓"明心见性"是禅学之见，是要先截断事理而后能见本体，就是去除天理来专讲明心。吕留良认为圣学不言知心，知性天正为尽心，求事理正是为明心，所以不从心上去作功夫。那么，怎么理解儒家所讲的心性修养、治心之说呢？吕留良指出圣学讲心性修养，圣人所谓治心，并不是只在于本体的空虚玄妙的操存涵养而已，而是有实际的应世之用的。他强调儒家之道是治心与应世为一，内圣外王合一，体用一原不二的。治心是以格物、致知、诚意、正心、修身为治，来涵养内心，而齐家、治国、平天下便自然可行，即是可以用世。不是为了应对世事，而就去专言功利事业而不从事心性修养，这样的所谓"应世"，是不关本体，流于功利，是有污于儒者圣道的。如果是这样的应世学问，那么儒家圣道就远出于佛老二氏之下了，也就难免一辈士人折服于佛老之学。所以，吕留良强调儒家也是讲治心的，但与佛家之说不同。儒家治心与佛家治心的差异在于，儒家合内外之道，治心治内是要存本达末，要达到的目标是齐家、治国、平天下，而不仅仅是虚治其心、谈空说玄而已。吕留良认为只讲高妙的本体，而以政事为次要之外务，则会导致忽视实际能力，则不能致用。可见吕氏经世致用的主张，是与他痛斥明季士人因为崇信王学，只讲内心的修养，而忽视实事实理的追求，以至于国家沦亡陷于非类的现实关怀的精神一致的。

吕留良强调不以心为学，重在格物致知，他讲事物之理即吾心之理，也是强调对事物之理的探求这一方面。只是在面临着心学泛滥将近二百年的实际状况，身处在学者士人皆以心学为高妙，认为心学功夫简易直捷而竞相趋之的现实环境，吕留良便提出内外无二理，事物之理即是吾心之理，求事物之理也就是穷内心之理，他的意思以为这也是简易直捷的功夫，也就可以避免因为主张注重物理的追求，而被认为只是务外支离的弊病了。

诚意之功　在于慎独

"慎独"一词，分见于儒家经典《礼记》的《大学》和《中庸》两篇。《大学》中说："所谓诚其意者，毋自欺也。如恶恶臭，如好好色，此之谓自谦。故君子必慎其独也。"《中庸》也说："道也者，不可须臾离也，可离非道也。是故君子戒慎乎其所不睹，恐惧乎其所不闻。莫见乎隐，莫显乎微，故君子慎其独也。"这是"慎独"一词的来源。"慎"为谨慎、小心之意，含不能有丝毫的放松和懈怠、时刻保持一种敬畏的心态的意思。"独"，根据朱熹的解释，是指"人所不知而己所独知之地"。后来王阳明也认同朱熹的解释。晚明刘宗周则将"独"字理解为"独体"。对此，吕留良并不赞成。他通过对"独不可以言体""诚意之功在慎独"的论证，探讨了慎独与诚意的关系。

第一，吕留良提出"独不可以言体"，先对"慎独"中的"独"字作出自己的解释。

我们知道，朱熹曾把"独"解释为独知，即指一个人独处之时或独处之地。此时此刻，人的一切意识活动只有自己知晓而不为他人所知。这时如果不加以谨慎小心，就会萌生各种邪思杂念，这就是自欺的行为。根据这样一种自己的内心活动，在朱学中，"独"是个表示心意已发的范畴。刘宗周则认为独知时是独，思虑未起时也是独，不赞成仅把独作为已发独知来看待，而是作为心之主宰的"意"，是内在的"至隐至微""无声无臭"的本体状态，所以"独"既是心体，也是性体。刘宗周在论述《大学》中的"诚意"时说："如恶恶臭、如好好色，盖言独体之好恶也。"又说："其言意也，则曰好好色、恶恶臭，好恶者，此心最初之机，即四者之所自来，故意蕴于心，非心之所发也。"这说明，刘宗周认为意是"心之所存"，反对把意看作"心之所发"，认为身体的主宰是心，而心的主宰便是意，而他所强调的"独体"即独的本然之体，也就是指意。对此，吕留良从辨别

"独"的字意入手，批评刘宗周的"独体"说。吕留良认为"独"只不过是相对于众人来说的"单独"，或者相对于他人来说的"独自"的意思。他反对刘宗周将"独"解释为"独体"，是希望消除王学一派关于慎独问题的错误理解，避免将"独"说入心体，说入玄妙。在他看来，"独"只是意念发动之后的一种境况，强调的只是他人所不能见到的地方、时候，并不是心意之中另外又存在一件什么东西称之为"独"的。他认为，如果将"独"看入深微，说入心体，并称其为"独体"，那都是一种标新立异的表现，是一种玄妙虚妄的说法。所以他强调"独"仅仅是就时间境况来看的，即"独就时地上看，非心中另有此件物事也"。这种解释显然与刘宗周把"独"作为心之主宰的"意"，并将"独"来表征心之体完全不同。同时，为了证明自己的论述不误，吕留良还根据朱熹对《大学》的注释，作了论证。他说朱熹在《大学》注中对"独"的解释为："独者，人所不知而己所独知之地也。"其中这个"地"字最应该注意，应该好好玩味。"独"指的就是自己意念刚刚发动的时候，还没有作出明显的行动来的时候，他人没有发现而只有自己发现的时候，这个时候这个状态称为"独"。吕留良将其中的一个"地"字凸显出来，将"独"只限定为对某一种境况时段的描述，而不能将其说入心体之中。他认为人们每每都将"人所不知而己所独知之地"的"地"字给忽略了，反而只抓住"独知"的"知"字，对朱子的解释产生了误解，所以不能正确理解"独"的含义，便把"独"说成独知、独觉，进而说成独体。这就与圣人之说的意思相背离了。

因而，他接着分析说，"独"只是意念初发时的一种时间境况，这个时候，虽然是刚起念之时，意念隐微，诚与不诚尚未完全显现，但是自己是有所领悟的，不能有丝毫的邪思杂念，所以要慎其独。

吕留良之所以反对讲独体，是因为他看到，若把"独"说成"独体"，那么独体就是好善恶恶之意，而慎独功夫就不是在发意时的省察，诚意也就会变成诚"独"，从而取消了诚意的功夫，也就谈不上致知格物了。他明确指出，"独体说"所谓的慎独，只不过是借用了圣人的言语兜售自己的"异说"，与圣人所讲的慎独是根本不同的。因为，异说的慎独，就是以独为独体，独体又是作为心之所存主的意，那么慎独就成了对心体的操存把握。而吕留良强调的是，独是诚意的紧要处，只是自欺和自慊相分的最初的端倪，自己能见而别人所未见之时，并不是心意间另外又有个独体。慎独是离不开诚意的工夫的，他说："好恶便是意。毋自欺而必自慊，便是诚。但欺、慊分界处，其后相悬，其初甚微。他人所不见，未有自己不见者，故谓之独。独即自也。不曰

'自'，而曰'独'，指分界之时地而言，乃诚意之紧要处，非心意间别有一物名之曰'独'也。若心意间别有独体，则诚意之上，又增出一条目矣。""独"不是心中有个独体，那么慎独也就不是对独体的把握，更不是脱离开诚意而另成一条目，从这一意义上说，"独"是不可以言体的。

既然"独"不可以言体，而且慎独与诚意又有着如此密切的联系，所以吕留良又进一步论述了诚意与慎独之间的关系。

第二，提出"诚意之功在慎独"，强调慎独在意念发动的几微关头的省察的特性。

由于吕留良将"独"设定为人所未见而自己可知的时段和境况，那么慎独就不是如刘宗周所认为的是对"独体"的把握，而只是在意念发动之初的几微省察。在这点上，吕留良同朱熹一样，将慎独视为意念已发之后所作的功夫。他认为慎独只是在动静交接处又加以小心谨慎。所谓动静交接处，是说意念从心中生发的时候，也正是恶可能生发之处，要达到斩除恶念的效果，就必须在这一紧要关头加以谨慎。诚如吕留良所说，人生来本性是善的，但是后天感受于外物发生情感，对事物有爱好与厌恶，就有了善与恶的分别，恶的产生就在意念发动的细微一刻，所以君子慎独就是要在恶念刚发动的细微时刻警惕小心。慎独是在感于物而动之后作的功夫，这是意念已发的时候了，只是别人、众人还未能够见得的极其细微之处而已，并非意未发之前的分辨"意"的善恶的致知的时候。所以，吕留良强调致知在诚意之先，慎独只是在诚意中来说的。他说致知是要人于日常间明白道理、讲究道理，那么意念发动自然就是真实恰当的。而在意念发动时加以省察，那就是慎独，而不是致知了，不可将致知混入慎独中来，否则格物致知便失却了作为平常讲究事物之理的功夫作用。因此吕留良强调诚意之功在慎独。他说："《大学》诚字贴定意字，不可单举，但作实字解释。盖意之善不善是致知条下事，此但说实用其力耳。实便自慊，不实便自欺。欺慊之分，独中自知，故功在慎独。"这里，吕留良强调诚意之诚，是说实用力于善的意思。在他看来，真实、实在用力于善便是自慊，是圆满的、完善的。而不实，即假为善意，或表面上、在人之前为善，那只是表象，而未能实在地全力把持善意，即为自欺，是不彻底的、虚伪的。诚意之自慊、自欺，在"独"时便自然分明，因而要于独时自加紧严，以务自慊莫自欺，这就是慎其独。吕留良说：如果意念既已发动，是诚意还是不诚意，又当在意念发动的几微之时、细微之处自己加以省察，不要让虚伪恶意闲杂在其中，这就是所谓慎独。"独"就是"意"的实境，"慎"就是诚的紧严关头。所以慎独即是在诚意中说的，与致知无关涉，更不是一回事。也正因此，吕留良认为诚意之功在慎独。

需要说明的是，吕留良所说的诚意之功在慎独，并不是说慎独与诚意可以合而为一，这与刘宗周所主张的不同。因为刘宗周认为意不是心之所发而是心之所存，并且是心的主宰，他认为诚意之意"正是独体"，这样，刘宗周的"慎独说"就表现为慎独与诚意的合一，这就成为刘宗周"慎独说"的一大特点。而吕留良则明确表示反对将慎独与诚意合一。他说："诚意只是实用其力，所以用力不实者为自欺，去欺之法在慎独。"吕留良认为"独"不可以混同于"意"，"慎"不可以混同于"诚"，慎独并非就是诚意，而只是诚意中最为关键紧要的一步，是自己觉察是否真实用力的办法。这就与刘宗周以"意"释"知"、以"独"释"意"，认为慎独即是诚意的观点相对立了。为了进一步说明慎独不能与诚意合一，吕留良详细分析了"慎"与"诚"所不同的原因。他认为"慎有严善恶意"，就是说"慎"是在善恶夹杂之的几微时刻加以警戒省察，使恶端无从生发出来，务使达到好好恶恶；"诚则实行其善"，就是说"诚"只是专用力于贯彻善而已，一旦能够实行善，不欺伪，无恶的掺入，则有赖于慎独，所以说功在慎独，而慎独并非就是诚意。不过，吕留良还强调慎独却也不是诚意之外的一条功夫，而是紧贴诚意而言的，是于诚意中提出紧要关头。他反复申言此意，说道："好恶，意也。实其好恶，诚意也。好恶之实与不实，只在初发念时省察。令其好必如好色，恶必如恶臭。则闲居无不善之为，而诚中形外，皆自慊矣。故慎独是诚意中细紧一步，非诚意外别有一条工夫，亦非慎独即诚意也。"所以慎独之功却可成就诚意之实，不使人自欺。吕留良以孟子性善之说立论，以为恶之产生在于自以为人所不见的"独"时的放松，私欲就扎根于一时放松警惕的端倪几微之处，所以必须在这个几微处加以省察，使私欲无从滋长，则好恶之力可尽，意自然能诚。

此外，吕留良还根据《中庸》所说，从戒慎恐惧、不睹不闻的角度来强调慎独。他指出慎独是从每事每念发端隐微处省察精明，不使有丝毫夹带恶念，所以说是零碎功夫，而戒慎恐惧无时不然，所以是一种通体的功夫。吕留良虽然看到了慎独与戒慎恐惧两者之间的差异，即所谓的"戒惧兼动静，慎独在动几"。但是两者之间并非完全不相关的截然两节的事，所以他又说："要之，慎独与戒慎恐惧功夫有疏密浅深，原不是截然两节事。慎独在零星入手说，戒慎恐惧无时不然。则统体纯熟火候，到统体纯熟，则慎独在其中矣。入德以慎独为主，一慎独足以直达笃恭。成德却以无时不敬为至，故戒慎恐惧足以括慎独。"可见，吕留良所肯定的还是戒慎恐惧的功夫，慎独功夫正是不离平时涵养的。

总之，吕留良认为诚意之功在慎独，一方面批评了王学务求简易直捷，将诚意与慎独两者并而为一；另一方面也批评了刘宗周的"慎独之外，别无工夫"之论。吕留良反对以慎独为功夫全体，强调慎独仅是临事时的专一功夫，认为儒家圣学定有两节功夫，平时格物致知、操存涵养是统体功夫，即如犹戒慎恐惧是无时不然的。临事时是专一功夫，即是慎独可以审几省察。只有平时涵养纯熟，临几时又省察精明，这样才能真正遵循儒家道义而不会走偏。他说那些心学一派的良知家专务求直捷简易，总想要把两节功夫并而为一，反以此为支离两截。那是他们不知道境况、时间固然是有不同的两节，而功夫却是无时不然的，只不过在意念发动处更加省察罢了，并非另外换了一样心思。也就是说本来就是简易直捷的功夫，未尝是支离两截的。

公私之间　义利之辨

义利之辨是讨论伦理道德原则与物质利益之间关系的问题。"义"主要是指思想、行为所必须遵守的道德原则。"利"指功利、物质利益。自先秦开始，阐明义利两者之间存在既矛盾又统一的关系，一直是儒家思想中的重要议题。

明清之际，随着政治格局与社会现状的改变，义利之辨又成为学者讨论的热点。作为一生信奉程朱学说的学者，吕留良则从理学的角度，就义与利的关系作了新的探讨。

第一，指出义根于心，揭示义是人内心固有的本性要求。

在中国儒学史上，有关义利之辨，大致有三种代表性的意见：一是认为义利是不同的两件事，它们之间的关系往往是对立的。如孔子和孟子就认为义是人生所追求的目标，也是人的行为规范，即《论语·里仁》中所说的"君子喻于义，小人喻于利"，《孟子·告子上》中所说的"舍生而取义者也"。二是认为义利共存，是社会上同时存在的现象。如《荀子·荣辱》中所说的"好利恶害，是君子小人之所同也"。董仲舒《春秋繁露》中所说的"天之生人也，人生义与利，利以养其体，义以养其心"。三是以理欲、公私关系来解释义利关系。如朱熹在《四书集注》中所说的"义是天理之公，利是人欲之私"。就上述三种意见而论，总的取向是重义轻利。对此，吕留良首先赞同孔孟的解释。他明确指出人兽之别、正邪之立就在于义利之分，只说利，便不义，不义便不仁。而且他对比孟子较之孔子更突出义，是因为战国时代功利学说沦浃人心。而吕留良也正为当世的人心沦浃而忧虑，以为当时讲王学者是阳儒阴释，讲事功经济者是假仁实利，都是出于自私自利之心，而没有认识到心中固有之义。所以他进一步辨别利所产生的根源，认为利的根源，原是从仁中生发出来，义利之判必来自公私之别。吕留良认为贪嗜系恋之私都是仁之过恶，有私心即是为利，所以释老二氏、权术经济自以为仁，却恰恰是为利。必须有义然后才可以成仁，不知道义则不是仁而只是利。吕留良主张以义来辟利才是正确的办法，以为这是"古今学术关头"。因为利原就是从仁中生出，所以以仁来辟利便无法真正揭露为利的弊病。而人们不知义或者不遵从义来做事，探寻其根源，吕留良认为是由于告子的仁内义外之说贻害世人。他曾说："袭陷告子义外之说而不自知。以学术杀天下后世，其祸烈于洪水猛兽者，可即以此归之矣。"而告子义外之说又是源于他的人性论观点，即以为生之谓性，所谓"以食色为性"，告子认为，人性就是生来具有的饮食男女的自然本能，社会道德的善恶属性是后来才有的。告子的主张便是性没有善恶之分。吕留良批评王阳明的"无善无恶是心之体"之说就是承袭了告子的说法，心之体就是性，以性为无善无恶，吕氏认为这是取消了性，更违背了孟子的性善说，并将导致以善为遮蔽障碍的可怕结论。他认为如果以本体为无善无恶，那就必然不仅要将恶去除而且也要将善都去除，而后才可以恢复所谓本体。这样的话，那凡是所谓择善固执、乐善不倦等，不都成了本体的障碍了吗！那不就成了让人不要为善了吗？这也正是吕留良极力反对无善无恶之说，而力主性善之说的缘由。他指出：从体用关系来看，体中打去了善而用之善从何而来，即心体中无善则行为上又何来善？吕留良在这点上倒是抓住了王阳明心学的破绽。

吕留良遵循程朱一派的学说，以为性即理，天理无不善，性也就是无不善的。而心却是不能说全善无恶的，他承袭"心"分为"人心"和"道心"的说法，来解释恶的来源问题。他说从尧舜等圣贤以来相传的说法，就将"心"分为"人心"和"道心"。人心被称为危险的，那是因为有恶在其中；道心被称为细微的，那是因为善需要小心培植与呵护。可见笼统地说"心"是只有善没有恶是不对的。所以即使是圣人也必须戒慎恐惧，注意防止人心泛滥而注重道心的培养。那么，吕留良就以此来说明天理与人欲、义与利的分别。并且，以此强调义是根植于心中的，并不是外界强加的。这样可以挽救"无善无恶心之体"之说引得世人都认为义是从外界加来的，并因此就很容易丧失节义立场的弊病。他说："义从事物见，而其根具于心。说在天下、在君子都不得。""只义便是性，非义之上更有性也。"他是将义作为人的本性要求来看的。

吕留良之所以强调义根具于心，关键的还是要明了操存涵养、立定节义的重要。因为他认为"心是活物，有道有人。人从道则圣，道从人则狂"。对心的操存可以摒弃人心而倡扬道心，而仁义就可以得到实行。又因为心是最为活跃的东西，一有风吹草动便容易把持不住，所以必须时刻注意自己心的操存涵养，才能够防止仁义的放失，这只有建立在仁义的根本具备于心的理论基础上，才能有这样的坚守仁义的方法，才能有固持节义的信念。因此他批评义外之说坚持不懈，他试图阐明人应当为义是本心固有之根，人能够为义是本心所具有之力。他希望以此唤起世人勇担道义的信心来。他批评异端学说错解了"义为人路"，异端认为路是在外的，所以认为义也就是外在于本心的了。"义为人路"一语，出自《孟子·告子上》："仁，人心也；义，人路也。"意思是说，仁是人的本心，而义是人应当走的正路。孟子认为，如果人放弃正路而不走，那就等于放失了本心。所以，在吕留良看来，义虽然表面上是指人所应该走的正路，但是它的实质含义仍是一种发自内心的自觉，即对父母应该尽孝，对君主应该尽忠，等，所以从根本上说，义也是在内的。因此吕留良批评"异端"将"义"分为内外两截，从而也就丧失了人应该自觉承担"义"的道德责任。

但是，吕留良又强调不是仅仅于内心便可以贯彻保全其节义，他遵从程子所说的"在物为理，处物为义"。他认为事物都有当然之理，只有于一事一物上都能知明处当，即知道应该这样，不该那样，才是义。这里仍可见吕留良防止人们只从心内用力，走向心学一路的考虑，所以他只说事物之义根具于吾心，只是根源、根芽具有在心中，还必须辨择才可得以分明，不可以单凭心造理，自以为是。而且，如果没有事理标准，辨择不当反而是非义害仁了。他说："义不当，不可以成仁。智不明，亦不可以取义。宜死而死为仁。不宜死而死为不仁。毫厘千里，错看不得。"吕留良认为取义必须明理才所取得当，否则所谓尽节恰恰却是谬执误守。所以吕留良批评元代遗民学宋遗民即是不明大义，自以为尽节，其实是误守。

吕留良的种族思想正是与他的重节义的思想相关联的。他对宋元之际的朱门后学吴澄、许衡尤为不满，就在于他认为吴、许身为宋人，却出仕元朝，便是大节有亏，影响极坏。从而他要自己去重新探求并倡发"紫阳之是"，标举民族气节。他强调立节义的重要，认为辞受取予是立身的根本，而后再讲致知主敬功夫，这尤其是吕留良讲朱学的特别之处。所以他强调孔子称许管仲"原是论节义之大小，不是重功名"，从而把民族节义视为"域中第一事"。吕留良身当清初国变之局，异族君临之下，亲眼见到许多贰臣事敌的失节行径，感慨自深，因而极力倡言民族之义，人唯坚守节义，华夷之防才能够得到确立。

吕留良指出士人失节，有时候只是些小得失利害便立身不稳，究其根源，是心中未曾将节义之根立牢。在吕留良看来，心是有理欲之杂的，所以必须时时操存涵养，作功夫以去人欲之私。义之根具于心，在根心上扎硬寨，即是强调立稳节义之根。此根不稳定，便会失去立身之基，没有了行为之则，也就难免靡所不为、无所不可。吕留良认为人无节义便会像物体没有了支撑的主干，因而不可失却了本心之义，否则就会被利欲所驱使，人也就不能成为真正的人了，只会成为追逐利益之徒，无论他是出仕做高官，还是退隐林下。这正是他见到当时许多的学者名士失节丧义，皆是被利所迷惑，即所谓舍不得万钟粟，即使不是进仕途得煊赫，却也都是假为取义，实际是为了谋利。故而，吕留良尤为痛惜于失却本心之义以求利的情况，也就尤其注重于辨析义利之关系问题了。

第二，提出"义本自利"，试图让人们了解义本来就是利，取义便可，因此不用再去逐利。

程子语录中说："义与利，只是个公与私也。"朱子语类中也说："或问义利之别，曰，只是为己为人之分。"南宋淳熙八年（1181）春，陆九渊到南康拜访朱熹。朱熹请陆九渊在白鹿洞讲席，为诸生讲《论语》中"君子喻于义，小人喻于利"一章。陆九渊着重强调"以义利判君子小人",而且提出，决定一个人是君子或是小人，主要的不在于他的表面行为，而在于他的内心动机，即是否以"义"为支配行为的动机。吕留良对前人的理论皆有得于心，也强调从动机（是为公还是为私）上来分判为义与为利，更不消说只是标榜假言道义之人。吕氏直接揭批他们的老底，批评他们："颇有道义自命，而营逐以济不肖之恶。"奔营逐利却又道貌岸然，都是些逐利鄙夫。吕留良对于明末的世风日下，官员士人逐私利而误国，满族人入主后一辈士人又蝇营狗苟，仰异族恩威之鼻息，是十分痛心的。他忧心于世人不知礼义廉耻，并试图挽狂澜于既倒，因而极力倡言"义利不两立"，主张"以义辟利"。

吕留良在讲义与利的问题上，吸取了陆九渊的主张，以行为的内在动机来评判人是为义还是为利，更推广到为人处世的各个方面。他认为人要是有一毫为己之念，便属自私，便属自利。以此作为评判的准则，吕留良指斥无论是为学还是做官，直至君王如果是出于自私自利之心，不管他的功业如何，也就都是非义之人，所做都是非义之行，也就只能归入功利一边了。他指出，读书皆是为了求取科举功名，开蒙上学第一天动机就差了，则不能算得是读圣贤之书；儒者凡事皆从自身利益起念，虽然能建功立业，也不免只是小人儒；三代以后为帝王者，把天下作为自己的"家当"，即使有许多的制度完善，礼乐倡扬，"其本心却绝是一个自私自利，惟恐失却此家当"，也就是一个功利世界，不可比拟三代之治的。所以对于当年陈亮以汉文帝、唐太宗可以接统三代，而朱熹则力辩其非。淳熙年间，他们曾就义利王霸问题有书信往来辩论。朱熹专注之点在于：应从天理还是人欲的动机出发来说明三代与汉唐有本质上的不同，强调不能以成败论是非，坚持必须有王霸之分。朱熹认为三代以前天理相传，以后之汉唐是人欲时代，即使汉唐做出可以与三代相媲美的事业，也只是"暗合"，其动机"只在利欲上"。吕留良以为，汉唐与三代之分别，也就是在于义利公私之分判而已。正是因为一点公还是私用心差别，虽说开始是毫厘之差，却由此而谬以千里，最终至于天悬地隔之别。

吕留良既然强调义利分判的内在动机，那么他对于义和利的分别尤其细致深入地加以辨析，特别地揭批出一种深笃于利而显示出来却貌似喻于义的伪君子，揭露出这种人行为的深层本质。他说天下很有一些忠信廉洁之行，而其实是从喻于利来的。因为这种人的智慧让他晓得只有忠信廉洁这样做才有利，不然的话则有害。所以这种人所表现出来的行为好像是接近义的。但是考察一下他的行为的隐微动机，就不是从天理是非上起脚，而是从人事利害上计较出来的。这种人是更为深刻地明白了解利的。吕留良说像贪污的人，其实只知小利而不知大害，知眼前之利而不知以后之大不利，这样的人其实并不是能明了利的人。同样是小人也还有高下等级的差别呢，贪污之人作为小人都还是浅薄的。那些喻利能深笃者，直与君子疑似。从中可见吕留良痛切于当时社会状况之情，剖析得透彻入理，揭露伪君子的行为实际上是从利害上起脚，是深知对自己来说何者为利何者为害的，这正是深笃于利之人，而行为显示出来却恰类似喻于义，平常人每每被这种人所欺瞒。吕留良因此也认为"汉武帝、唐太宗之仁义，非仁义也"。并认为"自秦并天下以后，以自私自利之心，行自私自利之政，历代因之。后儒商商量量，只从他私利心上，要装折出不忍人之政来，如何装折得好"。仁义之政出于私利之心，是为假仁义，实际是为了得大利。因而吕留良也十分反对明代袁黄的《功过格》之类，他说："讲得铢计寸量，更如《功过格》《感应篇》相似。孝顺父母，也算几功，螺蚌放生，也记一善。"他痛骂他们其实"举念便是恶"。认为："凡感应功过劝善之书，皆劝恶之书也，其本不仁也。"揭示出其自私自利的出发点。因为公私义利最终成为善恶的分判准则，那么从内心自私自利起念去做善事，也是虚假行善。所以，吕留良强调说："义利不两立。虽至义之事，自计利者言之，义亦为利。"他强调利与义是相对立的，凡是计较自私作用的为人处世都只能归于利，不仅仅是求货财这样一件事。而且，他指出："世间只有这两条路，不喻义即喻利，中间并无隙地可闲歇一班人。而且喻义者必远利，喻利者必贼义。中间亦更无调停妙法，可两不相妨。"非义即利，无可中立；也没有可以周旋调停的办法，来作为求利者的借口。

吕留良这样严厉揭斥逐利之人的内心动机，并且强调义与利根本对立，是为了给"义本自利"之说加以限制与规定。

在吕留良看来，义与利相比较，只有义才是最大的利所在，他试图使世人明晓这层意思，即义本来就是利，取义便可，因此不用去言利、去逐利。但是，又必须防止仅仅从计利的角度去讲义，那样也就必然陷于功过格之类了，因而一定要先明义利之不两立的道理，才可以说义本身就是利。他说只有义才是利，天下没有什么利能超过义的利处了。但如果仅仅强调这一点，讲义就仍然是讲利，好义原来就是好利，那反倒是危害了人心。然而义本身就是利，道理上本就应该如此，又不可以不明，所以圣贤必定先说利之害义与怀义就必当去利，然后再转出"义本自利"，因此就更不须再讲利了，这样道理就讲得圆满无弊漏。他又说仁义固然本身就是人世间的大利，然而如果以此来立说，那么立心就是从利欲上起头了，那么行仁义之事也就是为了利益，仁义的真谛也就丧失了。所以必须先除却言利的邪心，方才转出"仁义本自利"来，这样其说法才没有弊病。

吕留良反复所强调的都在于要去除自利之心，然后才就义本身而言是最大之利。所谓利之大者即是义，于利上求其大者即是求义。其目的在于使人们知晓利之不必讲不必求，这样或者可以挽回人心之失，救正人心之邪。吕留良所忧心的正是人心之坏，力图救正，所以他讲义利之辨，最终还是试图教人在立身取舍上明白原则界限。这也是他目睹亲闻明末及清初一辈士人的作为而生发出来的论说。他曾说："今日自名学者，先问其出处如何，取与如何，便已不端正，更何论也。"吕留良对明末清初之际一些学者的操行十分不满，批评他们一味谈心说性，却没有在根本上立定脚跟，即没有立稳心中"义"的根基，一切都着于虚空，不免就会丧身辱节。所以，他强调为人首先要端正取舍，以义为归，才能去讲其他。如果人们在立身大节上不知道应该讲义还是讲利，毫不曾分明立个界限，却去一味谈心说性，岂不可笑。学者功夫，首先须从出处、去就、辞受、取予处做起，这就是吕留良倡言义利之辨的实际落脚处。

第 5 章

悲时悯世　封建治国

明清之际的社会现实，激励起一批知识分子对国家政治的反思，吕留良便是其中突出的代表。他的种族思想在当时最为激进和激烈。他严格华夷之别，对满族统治的合法性提出了挑战。而且他主张恢复井田封建制，对君臣关系提出了大胆的新说法，批判了旧的专制政治制度，实际上具有启蒙思想的意义。

惊于陆沉　倡言种族

吕留良身逢明朝覆灭，除了有深切的亡国之痛外，更有一点是，这一回改朝换代的结果是满族入主中国，这简直就是乾坤颠倒，江山易色，大地陆沉。他目睹亲历了清兵南下的野蛮杀戮，清廷对汉人反抗的残酷镇压，还有他的亲人和朋友被捕被杀，因此他以自己身世之悲感怀民族之义，感受是十分深刻强烈的。在吕留良的思想之中，种族思想实际上占有最为紧要的位置。他在自己评选的时文中，在自己的诗歌及文章中，在与朋友的书信中都倡言种族思想，明辨夷夏之防，强调尊王攘夷。

所谓夷，是古代华夏族（实际上即汉族）对异族的贬称，原多指东方民族，如《礼·王制》所说的"东方曰夷"。春秋以后演变成对中原以外各族的蔑称，如"四夷""九夷"等等。以后又发展成为对"南蛮""北狄""西戎""东夷"各少数民族的通称。到了近代，清王朝对西方帝国主义也称作"夷"，比如"英夷""美夷"等。而"华"是光荣的意思，"夏"的意思是"中国之人"，"华夏"就是光荣的中国人的意思。处于中原地区的汉民族，自豪地自称为华夏民族。中国古人常以华、夷或夏、夷对称来表示汉民族和其他少数民族，以及中国和外国的民族界限。所谓夷夏之防，就是要严格区分华夏族和其他民族，尊崇华夏、鄙薄"夷蛮"。严格防范外族对华夏民族的入侵，只能由华夏民族同化其他民族，叫作"以夏变夷"，决不能容许其他民族影响华夏民族的"以夷变夏"。夷夏之防的理论，是民族矛盾的产物。

早在西周末年，戎狄之族成为以华夏族为主体的周朝的主要威胁，最后以犬戎族为主的西部民族灭了西周。这对华夏族是一个沉重的打击。随着民族矛盾的日益激化，夷夏之防的理论便应运而生。夷夏之防开始有反对侵略、抵御外侮的含义，随着民族矛盾的激化和民族仇恨的增长，逐渐也添加了一些大汉族主义的内容，比如认为夷夏种属不同，先天就有优劣之分这样的种族思想。在《国语·周语中》不是将戎狄骂作"豺狼"，就是诬称他们为"禽兽"，根本不把戎狄当作人，规定夷夏不通婚、不通礼；或者认为戎狄与华夏虽然本来是一家，但由于戎狄的祖先不遵守礼义，犯了罪，被流放到边疆，形成戎狄之族，至今也没有变好。这两种观点都是对周边民族的歧视，带有明显的大汉族主义色彩。孔子作《春秋》，提出了"内诸夏，而外夷狄"的观点，夷、蛮、戎、狄分属东、南、西、北四个方向，不仅意味着少数民族方位的固定化，而且也意味着华夏中心观念的出现。与四方未开化民族相对的是居住在中心的文明之邦华夏，把这种空间等级观念理论化的，就是"畿服"理论。"畿服"理论确立了"中心"与"周边"按照地理距离来体现出的亲疏关系。这是一个以华夏中原为中心的"同心圆"或"放射状"的包括中国内部和外部世界的等级秩序的图谱，它已包含着"中国属内以制夷狄，夷狄属外以奉中国"的"夷夏"内外之分的等级思想。这种夷夏之防理论作为儒家的政治主张在中国历史上流传下来。《春秋公羊传》成公十五年十一月记载："《春秋》内其国而外诸夏，内诸侯而外夷狄。王者欲一乎天下，曷为以外内之辞言之？言自近者始也。"唐朝名臣狄仁杰也曾上表论说了这种内外远近关系："天生四夷，皆在先王封域之外，故东距沧海，西隔流沙，北横大漠，南阻五岭，此天所以限夷狄而隔中外也。"这一理论在中国的不同历史时期起着不同的作用。当华夏民族受到外族侵略时，夷夏之防的思想激励了华夏民族的爱国主义思想，推动他们积极进行反侵略斗争，捍卫华夏文明。当华夏民族处于优势的时候，则往往产生大汉族主义。

"尊王攘夷"就是基于夷夏之别、内外亲疏有序的思想而来的典故。"尊"的意思是尊崇；"攘"的意思是排斥、抵御。"尊王"就是尊重王室，"攘夷"就是排斥夷狄。春秋时期，诸侯割据，周王室卑微，齐桓公、晋文公等相继以"尊王"为名，称霸一时。齐桓公执政以来，在管仲的辅佐下，经过了内政、经济、军事等多方面的改革，有了雄厚的物质基础和军事实力，适时打出了"尊王攘夷"的旗帜。齐桓公实行的"尊王攘夷"政策，使其霸业更加合法合理，同时也保护了中原经济和文化的发展，客观地说，为中华文明的存续是作出了巨大贡献的。因此，孔子对于齐桓公、管仲等多有称许。孔子曾任鲁国司寇时，见周政衰废，感到"道之不行也"，根据鲁国史记而作《春秋》，写了鲁隐公元年（前722）到鲁哀公十四年（前481）的历史，是非二百四十二年之中，以为天下仪表，春秋文成数万，其指数千，然而春秋之中，夷夏之防，礼义之辨，所谓尊王攘夷，内诸夏而外夷狄，则是尤其为孔子所重的。这则典故的原意是尊奉周王为中原之主，抵御北方游牧民族。后来成为面对外族入侵时，结成民族统一战线的同义词。

吕留良在他评点的"四书"文中对孔子的这种主张进行了深刻阐释，并结合他自己对明清更替残酷现实的反思，明确提出"夷夏之防大于君臣之义"。他在讲评《论语·宪问》时，借着解释该篇"微管仲，吾其被发左衽矣"一句，发挥道："看'微管仲'句，一部《春秋》大义，尤有大于君臣之伦，为域中第一事者，故管仲可以不死耳。原是论节义之大小，不是重功名也。"这里，吕留良将节义问题摆在首要位置，而且是特指民族气节。

管仲是春秋时代齐国人。当时，齐国的公子纠与公子小白争夺王位，后来小白胜了被立为国君，就是历史上的齐桓公。管仲先是追随公子纠的，后来齐桓公即位，杀了公子纠，管仲也被囚禁。但是后来管仲为齐桓公所用，任政相齐，辅佐齐桓公九合诸侯，一匡天下，成为一代"贤臣"。

对于管仲的评价，作为儒家经典的《论语》，保留了当时孔子及其弟子间的一场讨论。子路认为管仲在公子纠被杀后没有追随主人而死，是不仁。孔子反驳道："桓公九合诸侯，不以兵车，管仲之力也。如其仁！如其仁！"就是说齐桓公能够九次主持诸侯间的盟会，不是靠对诸侯用兵而达成的（或诸侯间不再以兵车相对抗），这都是管仲的功劳。谁有这样的仁啊！谁有这样的仁啊！孔子的另一个弟子子贡又提出疑问，管仲不仅不在主人被杀后赴死，反而为齐桓公所用，这不是反叛事敌吗，这难道能说是仁吗？孔子向他解答说："管仲相桓公，霸诸侯，一匡天下，民到今受其赐。微管仲，吾其被发左衽矣。"孔子的意思是说管仲辅佐齐桓公，称霸诸侯，使天下得到匡正，人民到现在仍受到他的好处。如果不是管仲，我们都要披着头发，穿着夷服了。后来，朱熹在给孔子的这段话作注时指出："被发左衽，夷狄之俗也。"他认为，管仲"尊周室，攘夷狄，皆所以正天下也"。因为华夏礼仪之邦的风俗是束发戴冠，穿的衣服是宽袍大袖并且衣襟以右边在上盖向左面的，而少数民族所谓夷狄之人却是披头散发，不戴帽子，衣襟以左面在上的，这样被认为是没有开化的野蛮状态，是比中原华夏落后的表现。能够避免文明的倒退，所以，孔子称许管仲为"仁"。

吕留良正是着眼于管仲的"尊周室，攘夷狄"，强调孔子的结论的核心意思是论节义之大小，而不仅仅是重在功名勋业，从而把民族气节视为"域中第一事"，是最最要紧的。他认为"夫子许管仲之功，别有大义"。这个大义，即指华夏民族免于"被发左衽"之义，免于种族灾难之义，因此吕留良认为"管仲之功，非古今功臣之功所能比也"。就是说管仲的功劳、功业是极其伟大的，不是一般的所谓功臣们所建立的功业所能比拟的。他认为这就是"春秋之旨"。虽然管仲不殉公子纠之难，有亏人臣之礼，在君臣之义来讲有失节之罪，但是还有比君臣之义更大的"义"，那就是夷夏之防。因而，吕留良评价"管仲之功，非独夫霸佐之功"，强调管仲是有攘夷之功；"齐桓之霸，非独夫各盟主之霸"，则是管仲辅佐齐桓公行的是尊王之霸业。能尊周王而攘夷狄，那么管仲可以不必为公子纠殉死。至于后世名相如王珪、魏徵，先相从于李建成，在玄武门之变后不死建成之难，而又相从于唐太宗李世民，虽然也有辅佐君王建功立业，但是吕留良指出对这些人的评价是不可以按照对管仲的评价，来开脱他们失却君臣之节的罪过的。当然，吕留良的重点并不在于责备王、魏之罪，而重在称赞管仲尊王攘夷之功。

既然确定了所谓域中第一事便是"攘夷狄"，所以吕留良对吴澄、许衡等的以汉人而出仕元朝，是极力反对的，以为他们说讲的朱子之学恰恰是不符合朱子之道的。吕留良讲朱学，要"真得紫阳之是"，也充满了种族的、反清的、革命的色彩。他是以夷夏之分、出处去就为前提，来独自树立朱学的赤帜，不顾触逆当时的社会主流，他的勇往的精神很让人感佩。吕留良曾说："从来尊信朱子者，徒以其名而未得其真……所谓朱子之徒，如平仲（许衡）、幼清（吴澄），辱身枉己，而犹然以道自任，天下不以为非。此道不明，使德佑以迄洪武，期间诸儒，失足不少。故紫阳之学，自吴、许以下，已失其传，不足为法……今示学者似当从出处去就、辞受交接处画定界限，扎定脚跟，而后讲致知、主敬工夫。乃足破良知之黠术，穷陆派之狐禅。盖缘德佑以后，天地一变，亘古所未经。先儒不曾讲究到此。时中之义，别须严辨，方好下手入德耳。"在讲求格物致知等等学问之前，首先要紧的是在民族节义上立定脚跟，划定界限，严格辨明夷夏之防，如果这一步走错，其他什么学问成就都一无是处了。吕留良是反思了明朝的灭亡在于天下无经世致用之人，而天下无经世致用之人在于人无节义廉耻之志。所以他非常强调为学做人的第一事，在于立志重节。坚守民族气节，辨明夷夏之别，不仅是天下域中第一事，更是做人立身的根本。所以他说："程子曰'洒扫、应对、进退，造之便至圣人'，今日为学，正当以此为第一事，能文其次也。"

辞受取予之间，进退应对之际，坚守节义正气，这才是为人的根本。因此，吕留良对于那些趋炎附势、丧志辱节的无德之徒，深恶痛绝，严加斥责；即使是学问高深然而却趋依权贵的至朋好友，也与之分道扬镳，义无反顾。

吕留良又在批点《论语·子路》中的"善人为邦百年，亦可以胜残去杀矣"这句话时加以发挥。本来这句是孔子引用别人的话，认为善人治理国政连续到一百年，也可以克服残暴免除虐杀了，并感叹这句话说得真好。吕留良却从中引申出，这是因为残杀极为严酷时思慕曾经安定美好的日子而发出的心声。他说就好比小孩子一直在慈母怀中受到百般的呵护，朝夕关怀备至，习以为常反倒不知道这是多么的幸福快乐，要是母亲有一点照顾不周的地方，还会生气抱怨，甚至恶语相向。而"一旦非族异心，猾竿杂处，恣其攫噬，而莫之敢较"，失去了母亲温暖安全的怀抱，落入异族统治之下，只能忍受毒杀、屠戮，忍受恣意的凌辱与掠夺，到这时，追思以前在母亲怀抱中的一时一日都不可得了，所以才有悲切的感叹、声情的表露。吕留良以赤子在慈母之怀来比喻明朝故国之治，而满族入关便是非族异心，就是残杀之世，因此追念故国，才更知道曾经的大明的统治是多么宝贵。这就是我们经常说的"拥有时没有珍惜，失去了才知道可贵"的意思。吕留良评点说："思望至治而不可得，不得已而思及此……犹闻太息之声。"可以想见他对故国的恳挚之情，对江山沦于异族，满族入主中国，擅生杀之权，残杀得厉害的沉痛伤心之意。

另外，吕留良在批《论语·八佾》中"射不主皮"之文时说道："弧矢之利以威天下，圣人何故制此不祥之物，盖有所用也。"意思是说弓箭等这些都是有杀伤力的武器，是可威慑天下的，圣人是主张施行仁政的，又为什么要制备武器这样的不祥之物呢？那是因为武器是有大用处的。到底有什么用处呢？也许是避讳时忌，吕留良没有继续说明。但是受吕留良深刻影响并在以后掀起反清大案的曾静向我们揭示了答案，他说："夷狄侵陵中国，在圣人所必诛而不宥者，只有杀而已矣，砍而已矣。更有何说可以宽解得？"武器之用处原来是对侵凌中国的异族分子进行砍杀的。这在当时确实是十分大胆骇人的言论。其实在《论语》中记载孔子说"射不主皮"，只不过是强调演习礼乐中的"射"不是军中的武射，不以是否穿破皮靶子为要，而只讲中与不中。吕留良却从弓箭是武器这一点生发开来，发挥微言大义，曲折地传达出他反抗满族的种族思想。

如果说在时文评语中吕留良的种族思想还较隐晦的话，那么在他的诗文中就表现得更为直接明了，更为激烈坚定。吕留良所结识的朋友，很多是不愿仕清的遗民。他们于师友谈论之间，往往悲愤祖国沦亡，耻为遗民没世，经常诗文唱和。每一吟咏，必寓情于鸟兽草木，用以讥刺满族之非我族类，而且在所作的诗文中多明夷夏之防，断断于夷夏正闰之辨。

吕留良有一首《真进士歌赠黄九烟》，是写给他的朋友黄周星的。黄也是以明的遗民自守的文人。这首诗可以说写得痛快淋漓之致："请看宝祐四年榜，六百一人何麟麟。宇宙只愁文、陆、谢，其余五甲皆灰尘。今日有君便无彼，那得令彼不发嗔。如君进士方为真，天下纷纷难立身。半非略似君尚云，此曹岂复堪为人。"诗中的"文"指文天祥，"陆"指陆秀夫，"谢"指谢枋得。他真是骂尽一切降臣了，只有坚守民族气节，不仕异族统治者的志士，像文天祥、陆秀夫、谢枋得这样的南宋抗元名臣，才得到他的褒扬赞许。吕留良对于南宋抗元仁人志士推崇备至，正是隐喻明末抗清斗争的义士们，他们才算得上是真正的"人"；而在清兵入关南下时，投降的大臣一个接一个，这些人在吕留良看来都是"岂复堪为人"！都是同于夷狄的禽兽了。

而最能表现他不服满族思想的，是他的长诗《题如此江山图》。诗中说道：

其为宋之南渡耶？如此江山真可耻。其为崖山以后耶？如此江山不忍视。吾不知作亭之人与命名之旨？……吾今始悟作图意，痛哭流涕有若是。当时遗老今遗民，自非草服非金紫。如此江山偏太平，越画繁华越愁悒。不见郑亿记私书，只好铁匣置井底。又不见梁栋爱做诗，庚寅受祸依其弟。以今视昔昔犹今，吞声不用枚衔嘴。尽将皋羽西台泪，研入丹青提笔沘。所以有画无诗文，诗文尽此四字里。……尝谓生逢洪武初，如瞽忽瞳跛可履。山川开霁故璧完，何处登临不狂喜？怙终无过杨维桢，戴良、王逢多不仕。悲歌亦学宋遗民，蛐蛆甘带鼠嗜屎。刘基从龙亦不恶，幸脱毡裘近簪珥。胡为犁眉覆瓿诗，亡国之痛不绝齿？此曹岂云不读书，直是未明大义耳。兴亡节义不可磨，说起一部十七史。十七史后天地翻，只此一翻不与亡国比。故当洪武年间观此图，但须举酒追贺画图氏。不特元亡不足悲，宋亡之恨亦雪矣。

…………

在这首长诗中，我们可以发现，他的种族思想不是一般那种普通的遗民见解。他认为元代的遗民学宋遗民，是未明大义，不应该为夷狄外族统治的王朝守节去做什么遗民。反倒是明太祖的崛起是很值得"狂喜"的。因为汉人又恢复了统治地位，驱除了蒙古族的统治者，连当年宋朝灭亡的耻辱与仇恨都可以得到洗雪了。他另外又有一首《钱墓松歌》，诗中有这样的句子："其中虽有数十年，天荒地塌非人间。君不见三代不复千余载，汉高、唐太犹虚悬。不妨架漏如许日，何况短景穹庐天。"在他看来，元代统治于汉人来说是天荒地塌，不能算得是人间。因为吕留良倡夷夏之防，尊华夏而轻夷狄。他以夷狄比于禽兽，那么蒙古人统治的天下就只能算是禽兽世界了。雍正五年（1727），曾静看到他的《题如此江山图》及《钱墓松歌》两首诗，很受感动。在《大义觉迷录》中记录问讯曾静口供："因吕留良《钱墓松歌》上有云：'其中虽有数十年，天荒地塌非人间。'彼时闻得此说，如坠深谷，语虽为元朝而发，而引例未尝不通于本朝。"另有记载说，曾静见到吕留良的《程墨》《大小题》《房书》等批评，因见到论孔子称管仲之仁处，有"华夷之分，大过于君臣之伦"的说法，便在《新知录》上说道："如何以人类中君臣之义，向人与夷狄大分上用？管仲忘君事仇，孔子何故恕之，而反许以仁？盖以华夷之分大于君臣之伦……人与夷狄无君臣之分。"曾静的这些观点都是从吕留良的种族思想那里来的。

吕留良的种族观念，有时也直接向朋友说及并希望他人同样接受。比如，他曾在南京遇到施闰章，在和施闰章谈讲学问中间向其没说几句，就触动了施闰章心中的隐痛。施闰章不禁在众多客人面前失声痛哭起来。施闰章心中的隐痛，是受到清廷的敦迫要他进京补官，总算以叔父年老需要照料为由才得以辞官回乡。后来，吕留良给施闰章写信，信中说像郝经、虞集、吴澄、许衡等出仕元朝的人，都是丧失了节义的，这很明显是在告诉施闰章不要仕清。但是，到了康熙十七年（1678），施闰章被博学鸿词征召，再三推辞不许，无奈以叔父之命，不能不行，只有在拜别叔父的时候，相持对泣而已。施闰章听了吕留良的话而痛哭，可后来仍然不能不应朝廷的鸿博之召。因此可见，吕留良的种族观念的见解，在他的时代，在清朝高压统治之下，是不容易得到别人的同情而去实行的。倒是二百多年后，清朝末年的一些革命者从吕留良的种族思想中获得一些反抗异族的激励。例如，章太炎就说他自己是因为"得闻'夷夏之防，严于君臣之义'，余之革命思想伏根于此"。章太炎是读了吕留良批点的时文"犹能勃然发愤，以碫胡清"。

吕留良抱有种族的、反清的思想，所以对自己挂名清廷生员很懊悔，最终还是弃去了秀才功名。可见他的种族的、反清的思想，渐渐地落实到了实践上。后来屡次被荐举，他都是顽抗不从。他曾作诗言志："醒便行吟埋亦可，无惭尺布裹头归。""便无真藕也归去，顶笠腰镰占晚村。"立志坚守民族气节，誓死不与清廷合作。虽然吕留良的立志重节、辨明夷夏的社会启蒙思想，导致了他死后被清廷剖棺戮尸，牵连数百人惨死的酷烈遭遇，但他的这一思想不仅在清初具有振聩发聋的启蒙作用，而且对弘扬救亡图存意识也是具有深远的历史意义的。

不过，吕留良起而倡言夷夏之别，并非单独现象，在明清之际，南北诸大老多有类似言论。"义不帝秦"在清初的翻版盛行，原因是多方面的，但其中一点，因华夏族演变成汉族以来，两千年间的封建社会，发展到明代已经凝固成一个坚固的群体。而时处没落的封建晚期，一切凝固，社会发展停滞，不再有像唐朝那样的兼容并包的气度，更没有春秋时代的青春气息。所谓"来者不拒"，"夷夏"无疆，唯有德者为"中国"的说法就不再有人响应。从我们今天客观的立场来看，清以满族崛起后，正当明朝腐朽衰落之时，出兵入关，本就如摧枯拉朽一般，而且在此之前又先有农民起义为之扫除障碍。清与明同属于中国，在封建社会的互相争夺政权时期，改朝换代，无所谓正与不正之分。所谓"夷夏之辨"来自《春秋公羊传》(也称《公羊春秋》)，而我们考察一下就会发现，其实《公羊春秋》关于夷狄和中国的区分不是那么狭隘，立意倒是颇为不俗。书中记载的是春秋时期的史事。当时阶级矛盾与民族矛盾交织，而夷狄问鼎中原，这在中原统治者看来是危险的局面。能够抵御这种入侵的人，

114

被赞誉为"仁人"，因为保卫"中国"才是"大一统"的先决条件，以"中国"为中心然后是诸夏再然后是夷狄，最后完成"大一统"。所以孔子肯定齐桓公的北伐山戎南伐楚的行为，以为这都是"行王者事"。能行王者事即是可以完成"大一统"的事业。《公羊春秋》主张的"不与夷狄之获中国"的意思是反对夷狄侵犯掠夺"中国"。但另有"不与夷狄之主中国"的说法，有时却是"文不与而实与"，就是说在文字表述上是有不赞同夷狄入主中国的说法，但在实际情况下有时却是认同夷狄也是可以入主中国的。因为《公羊春秋》的夷夏之分不是狭隘的种族概念，而是文化、政治上的分野，夷狄而入主"中国"，如果是有利于"大一统"的也就要肯定。如哀公十二年之重吴，因为"吴在是，则天下诸侯莫敢不至也"。"不与夷狄之主中国"却又重吴，也就是说"夷狄而入主中国"为《公羊春秋》所不允许，但因为吴主"中国"而"天下诸侯莫敢不至"，这是一统的局面，即使还不是真正的"大一统"，有这样的趋势，《公羊春秋》也予以肯定，于是乎重吴也就是重"大一统"。因为"大一统"的时候，已经是"王者无外"，这是《公羊春秋》义中最可取之处。既然《公羊春秋》中的"中国""夷""夏"，不是种族或民族上的概念，而是政治、文化或者伦理的分野，"夷狄"可以进位为"中国"，"诸夏"可以退为"夷狄",所以在《公羊春秋》中"许夷狄"者有很多处。以后的儒家虽认为华夷有别,但也大都坚持以是否知礼义,是否行先王之道的标准来区别华夷,这种理论对于促进中国的统一,以及全民族的团结与融合都起了积极的作用。

力复井田封建　评说君臣体制

封建井田,相传创始于黄帝,而后来夏、商、周所谓三代圣王,都加以沿用。封建就是古代的帝王将自己开拓的疆土,分封给自己的同姓和有功的臣民,让他们在分封的疆土上建立诸侯国,也称"封土建国",并按天子、诸侯、大夫、士、庶民的等级世袭爵位的一种政治制度,也称"分封制"。这是"封建"的原始含义。井田制是我国古代社会的土地国有制度,西周时盛行。那时,道路和渠道纵横交错,把土地分隔成方块,形状像"井"字,因此称作"井田"。井田属于周王以及那些获得封地的诸侯所有,分配给庶民使用。封建领主不得买卖和转让井田,还要向周王室缴纳一定的贡赋以尽义务。领主强迫庶民集体耕种井田,井田又有公田和私田之分。封建领主各自把田地中最好的部分(位于河流附近、背山向阳的平展土地)留给自己,叫"公田"。因为公田的面积很大,所以也叫"大田",驱使奴隶集体耕作。

把距城市较近的郊区土地，以田为单位分给和统治者同族的普通劳动者耕种。这部分人因为住在"国"（城市）里，叫"国人"。封建领主把距离城市较远、土质瘠薄的坏田，分给住在野外的庶人。庶人因为住在野外，所以也叫"野人"。领主阶级瞧不起他们，认为他们最愚蠢，所以也管他们叫"氓"。庶人没有任何权利，只有给领主耕种井田和服其他杂役的义务。他们每年要先在领主的大田上劳动，然后才准许去耕种自己作为维持最低生活的那一小块"私田"。

随着铁器的使用和牛耕的推广，生产力水平逐渐提高，井田制这种土地制度越来越不能适应生产力发展的要求，春秋晚期，井田制开始逐渐瓦解。到战国时期，秦国商鞅变法，"为田，开阡陌"，推行土地个人私有制。至此，井田制彻底瓦解。秦汉以后，实行井田制的社会基础已不复存在，但是井田制下均分共耕之法对后世的影响却极为深远。历代鼓吹井田思想者不乏其人。汉代时董仲舒、师丹等提出的限田制，王莽时实行的王田制，西晋时实行的占田制，北魏和隋唐时期实行的均田制，等等，也都渊源于井田思想。宋元以后，大土地所有制确立，虽然还有人继续鼓吹井田思想，但与井田制相类似的方案已经不可能在大范围内推行，而只能在小范围内短时间存在。

随着井田制的瓦解和争霸战争的发展，东周时期，周朝王室衰微，"礼乐征伐自天子出"的局面被"礼乐征伐自诸侯出"取代，周天子"天下共主"的地位丧失，分封制开始遭到破坏。秦始皇统一中国后，取消分封制，秦王朝在全国推行单一的郡县制。后来汉代初年曾经分封一些同姓诸侯王，稍稍恢复封建制，同时又施行郡县制，使郡国杂处，为的是互相牵制，对维护中央集权和国家统一起到积极作用。但全国的行政区划管理仍以郡县制为主。中国历史上自三国开始直至最后一个王朝清朝，各个时期国家行政区划管理上都是以郡县制为主体。所谓封建井田早已经尽废，吕留良在两千多年后，却想恢复封建井田制度，这是为什么呢？

首先，吕留良认为三代的辉煌治世局面，是因为那时天下以道德仁义来治理，所以重视师儒，那时候的公卿大夫都是师儒，连天子也都说是为天下"作之师"。而秦代以后，天下依靠法术来治理，所以重视官吏，那么公卿大夫等无非都是些具有统治之术的官吏而已。连皇帝也不过是运用"人君南面之术"驾驭手下的官吏，根本就没有了三代时的对儒者师道的尊重。吕留良说这都是因为废除了井田封建而带来的祸患。在他看来，封建井田的根本要义是帝王、公卿、大夫等统治者所应耕种的土地由民众代为耕种了，这叫作"代耕之义"。有了代耕的办法，帝王将相才可能去做其他的管理治理国家社会的事情。因此，官吏们是没有高于民众的权利的。他认为秦朝以后纯粹是以官吏为主体，这都是废除了井田封建的结果。

其次，吕留良认为只有农家井田制度才是国家富强的根本，所以他对于封建井田的被废除，不免惋惜，甚至还表达出他的愤怒之意。他说过，如果要问怎样才能使国家富强起来，答案就是要实行井田制度；如果要问怎样才能教化民众，答案就是兴办学校。"此心是实心，此政是实政"，除了这样的真心实政，就算是圣人也没有其他的办法和途径。他强调三代以下，再也没有美好的治世，但是实行井田制可以富国的道理是一直不变的，不可以因为秦朝以后不实行了，就认为井田封建最终就是不可行的了。他还激愤地指出"废封建，天下有不可言者矣"。这是吕留良在回顾反思历史后发出的感叹，意思是说，废除封建后，天下有没法说的坏处和惨痛教训。他指出自古以来没有不灭亡的朝代天下，实行封建的王朝固然是灭亡了，而不实行封建的王朝也一样还是灭亡了。他说他没看到废除封建有什么好处可以超过夏殷周三代的，倒是一个个王朝灭亡的惨烈，总是让他看到。

再次，吕留良认为那些主张封建井田一定是不可以实行的人，都是出于自私之心。他认为自秦朝以后，天下存有大患就是因为废除了封建。如果没有废除封建，那么天下各诸侯国星罗棋布，各自占有一小块地方，就算是有那么一些诸侯国跋扈嚣张闹问题，也好处理，因为这些诸侯国都小啊。他又指出，后来就算不实行封建，那还有一些大藩重镇，尚且可以起到屏卫王室的作用。但是宋太祖赵匡胤杯酒释兵权，解除了藩镇武装，这就是和暴秦一样的出于一团私心，自以为一家一姓之天下，子孙万代可以一直统治下去没有问题了。而谁料到北宋靖康之耻，南宋德祐之难，宋王朝赵家的后世子孙被屠杀几乎绝灭，就是因为兵弱的大弊病。这又能归咎于谁呢？所以，吕留良主张如果想要匡正天下万世的利害关系，就非实行封建不可。不过，他又补充说，如果不是乐天保天下的君主，如果不是胸中毫无私心渣滓的君主，那么封建也必定是不能恢复实行的。他这一观点，在宋元之际著名史学家马端临那里阐述得更为清楚完备，也更显公允平和。马端临认为封建制也好，郡县制也好，都是划分区域治理国家的一种方式，不能武断地说某一种就是出于公心，而另一种就是出于私心。但是必须有公天下之心，然后才能实行封建制，否则不如郡县制管理国家得好。要是没有公天下之心，而去实行封建制，那就是授给被分封的诸侯们作乱的资本和工具。马氏以为，三代以前，封建制推行而没有发生争乱，是由于当时的君王如尧、舜等都是以公天下之心来服众的，只有天子不以天下自私，而后诸侯才不敢以其诸侯国自私。最后，马端临得出的结论是"时不唐虞，君不尧舜，终不可复行封建"。时代变迁，世易时移，封建制无法再恢复实行了。秦朝之所以获罪于后代万世，只是因为他的以天下为一姓之私而已，不是实行郡县制的问题。关于井田制的说法，也差不多相类似。

吕留良力主恢复封建井田制度，虽然他没能够深刻认识到实行封建井田制的客观历史条件，没能够清楚了解封建井田制的优劣利弊，然而，他之所以畅论封建井田之制，一是因为他认为尧虞三代，大道之行，是美好而理想的社会；一是因为他痛感秦灭六国，诛杀屠戮的悲惨。但是，他真正用心所在，主要不过是因为身处明末，朝代更替，令他触目惊心，有感而发。总之，吕留良既目睹满族入关屠毒的酷烈，又回思历史上宋朝灭亡，金元入寇的场景，认为都是异族带来的灾殃祸患。并且，他也震惊于宋代将覆亡之时，勤王令下，而全国都没有可以屏护王室的义师。因而，吕留良推原所始，感怀于心，不免尚论郡县之害以及封建之益了。我们可以看到吕留良的时文评语中有"读史至秦之销兵为郡县，宋之杯酒去藩镇，未尝不痛恨切齿"这样的语句，从中也可以窥见他真实用心之一斑。

正是因为吕留良不幸生逢明代覆亡之际，其家国之痛，其身世之感，特别强烈。他在读书研究学问之中，不免更为留心历代史实，留意各朝各代兴盛衰亡的原因，他在自己所处的社会历史条件下，在自己所处的阶级地位条件下，尽其努力回溯史迹，试图推寻历代治乱之源。他除了关于井田封建之外，还有很多论述，尤其是在政论方面，超出了他同时代的许多学者，让我们今天都会感到他的理论的激进和俊伟。

他总结秦汉以来帝王施政之心，都是出于自私自利的本心，唯恐失去自己一家一姓的江山家当。而三代以上圣人制定各种制度，设立封建诸侯以及布置军队刑法等，都是为了天下后世民众安居乐业，不曾有一点是从保持自己的富贵，还有保持自家子孙后世所谓传袭这份家当，要永远占定、怕人夺取的心思出发的。所以，吕留良很赞同朱熹"自汉以来二千余年，二帝三王之道未尝一日行于天下"的观点，王道仁政之所以不再行于天下，就是因为"自三代以后，习成一功利世界"，凡是礼乐刑政、制度文为、理财用人之道等等一切，都纯粹是私心作就。自从秦始皇吞并六国、统一天下以后，便是以自私自利之心，行自私自利之政。后来历代王朝都是因循秦朝这样的私心私政，当然就不可能实行王道仁政了。吕留良说后世儒者都是商商量量，假惺惺的，只是从他私利心上要装出不忍人之政来，这样的所谓实行仁政，都是假仁政，如何装折得好呢？也就不可能再有三代时那样的天下大治的局面了。而且，吕留良从中发现，后世那些主张必定不能恢复井田、封建、学校、选举等制度的所谓儒者，都只是去迎合帝王们想要一家永远占有天下之利，唯恐他人夺去的这一点心思。所以封建、井田被废除，只是时势变化的不得已，而不是道理上应当废除；是乱世的结果，而不是治世的要求。都是由于后世的君王将相因循苟且，养成了私利之心，所以不能够再复返三代之治。吕留良以为这正是孔孟程朱所以忧虑并且要力争恢复封建井田的关键所在。就算是终古必不能再行封建、井田、学校等制度，儒者却不可不坚持立场，以期望有圣王出现来恢复三代之治。否则的话，就是所谓曲学阿世，成了孔孟的罪人。吕留良告诫说："学者不可不慎也。"

也正是因为"功利之恶，浸淫人心"，无论君臣都被自私自利之念所污染，所以君臣关系也就不同于三代时的君臣关系了。吕留良批评汉唐以来，君主把天下看作自家的庄园、店铺这样的私产一样，把老百姓看作他家庄园里的佃户、店铺里的商人一样，只不过是出产利益的工具。之所以不敢太过分地压榨，也是考虑到压榨完了就无法再继续产出利益了。从根本上说原来未尝有一点点是为百姓生活和天下安定着想的。相应的，作为臣子的，也就是为一己一家的利禄荣华，而且是为了保全荣华富贵，为了不失去被君主恩宠的一点利益，因而就去迎合揣度君主的自私不仁的心思，还要为之文过饰非。吕留良一针见血地指出："后世人臣本自无道，但从利禄起见，安得不为谐媚之言？"而且，"后世人臣，只多与十万缗塞破屋子，便称身荷国恩矣。谏行言听，膏泽下民，与彼却无干涉"。就是说只要有温饱利禄，只要多给钱财，便可以蹈舞称臣，一切都是从金钱利益、荣华富贵出发，然而为天下苍生谋福利，为江山社稷而进谏君主都和他们无关。吕留良分析，做官的人这样恶劣的思想行径，在最初还是读书人考试应举时就已经埋下了根源。去参加科举考试的目的首先是为了门户温饱起见，为了日后有一片美宅田，可以养活家人，可以留传给子孙后代，这样充满无穷嗜欲的私心，先盘踞在其中，然后再讲如何辅佐君主治理国家。所谓学问，也只成了一种固宠患失的学问而已。科举之习已经是公然讲名讲利，中举做官的人才会卑污苟贱而不知廉耻。

那么，君臣关系应当是怎样的呢？吕留良认为君臣关系这一伦，和父子关系一样应该是出于天性而不是出于私心。他说："人知父子是天性，不知君臣亦是天性，不是假合。"君臣关系也是天生必然的，而不是为了利益而假意逢合的。为什么呢？吕留良以为"天生民而立之君臣，君臣皆为生民也"。就是说，有帝王君主，有大臣将军等名位设置，都是为了老百姓的生活而设的。所以吕留良认为君臣之间虽然有一定的尊卑差别，但这差距"只一间耳"，就是没有根本的差别，都是为了民众百姓做事，只是一点点地位差距而已。然而，三代以后，尊君卑臣，君臣之间相差悬绝，君王手握生杀予夺大权，臣下只有俯首听命。因此，三代以后君主治理臣下，都是以威力来镇压慑服。一旦君主的力量不足以控制慑服臣下，那么臣下就会起来篡权弑君等。整个世界直弄成一个私心自利世界，与天宇隔绝。这都是因为自三代以后，以诈力夺取天下，又以法术来统治天下，一切出于私心人欲。君臣之间，都以驾驭术数为事。吕留良认为这是不知道君臣的由来，不知道君臣是由"天降下民"起义，都是忘却了一个"天"字。其实，吕留良讲君臣关系是出于天性，是以他的方式在表达重民的思想。先有民众，然后才有君主和臣子，君臣关系是建立在两者都是为天下苍生的基础上的。如果君臣这一伦关系不能得到匡正，就会出现"上体骄而下志污"的状况，就是君主高高在上骄横跋扈，臣子屈从于下卑污苟贱。那么，这样的国家就无法实现长久的安定富强。

吕留良反复强调先有民后有君，他还从古代的代耕之义和班爵禄之法来论述重民的思想。他说："代耕之义，上通于君公，直至天子，亦不过代耕之尽耳。"所谓代耕，是在井田制下的领主土地关系的特征，就是农奴无偿地替领主代耕公田，然后才可以把自己那块地（私田）上的收获归于己有。这种方式当时叫作"藉"或"助"。吕留良认为天子、诸侯、公卿、大夫等与普通的直接进行劳作的百姓的不同点，只在于他们生活所需的田地的耕作由百姓代耕而已。反过来说，就是老百姓养活了各级官吏一直上到帝王。而且，吕留良还认为天生万民，大家都一样，一个劳动力可以耕作一百亩田地来养活自己。只不过现实生活中，有些人有别的才能可以做别的事情，而不必亲自耕作田地，而有些人只能耕作田地。但他们都是各尽其能才能各自生存的，所以就有了君、卿、大夫、士这样的食禄阶层。君、卿、大夫、士都正好是一个劳动力的耕作可以养活的，叫作"合一夫之食"。其中有功勋特别大的，其食禄才加倍，但都是所谓代耕，而不是什么更高于民众的特权阶级。因此，爵位俸禄的等级，不应该从天子到普通百姓这样从上到下来推导，而应该从普通百姓开始，然后才有士、大夫、卿、君，然后一直到天子。普通百姓是基础，天子也不过就是代耕的极顶而已，没有什么非常特别的。吕留良强调"天生民而立之君"，君主是为了民众而设立的，君主只有做到治理好国家，足以惠济民众，而后才可以享受到民众的供养。所以从天子到一般官员的奉养，都被称为"天禄"。天禄从哪里来？天禄的根本在于农业，俸禄供养从农夫的耕作中产生，因而当差做事是

126

从农夫开始的。吕留良主张普通百姓、做官的、帝王这样的次序来排列等级。

既然天子、公、卿、士大夫都是由代耕者养活，那么所谓君臣之间就应该没有太大的尊卑差别。因此，臣子可以选择君主而不是只有君主可以随意生杀臣子。吕留良提出"君臣以义合"，只要是志不同、道不行，便可以选择不侍奉这个君主，离开这个君主，甚至可以选择另外一个君主。只是因为后世废封建行郡县之法，天下统于一个君王，做臣子的便只有所谓进退而没有了去就的选择。自秦始皇开始，创为尊君卑臣之礼，上下尊卑森严，君臣地位相隔悬绝，臣子们连进退也受制于君主，一切都由君主说了算。而千古君臣之义，为之一变。吕留良的这种言论，在他那个时代实在是非常大胆和激进的。在那个普遍认为君主是至高无上的时代，臣子是卑下的，一切都只有听命于君主，所谓"君要臣死，臣不得不死"。吕留良却提出臣子还可以有别的选择，这不啻是大逆不道的乱臣贼子了。而且他是借封建之法来削弱君权，如果恢复封建，那么臣子们才可以有选择不同的君主的可能，君主就不至于太过于专制了。

总之，吕留良借着论说三代之后君臣都是自私自利之心，实际上是以托古之法声张批判旧的专制政治制度，他要君臣上下先自行涤除自私自利的污染，其中似乎也含有革新的意思，潜藏了要求变革的呼声。吕留良政论之说和黄宗羲的《明夷待访录》所论有许多近似之处。同时顾炎武在《日知录》中的议论与黄、吕也颇为相似，比如卷七"周室班爵禄"一条，也是阐述代耕之义，与吕留良完全相同，而且也是力主恢复封建。明清之际，诸儒在政治原理上有不少感慨发明，实际有启蒙思想的意义，但后来清廷屡屡大兴文字之狱，这些理论便绝迹了。

===== 第 6 章 =====

学林交游　医才经济

生在富裕之家，长于风雅之门，吕留良得此良好的氛围环境，加之天赋聪颖与刻苦学习，培养造就了他的博学多艺。举凡天文、谶纬、乐律、兵法、星卜、算术、灵兰、青鸟、丹经、梵志等有关书籍，无不博览精思。作文、书法、摹印、斫砚、医道、弹琴、射箭等技艺之事，无不该通精绝，声名满两浙，也因此结交了诸多名士学友。

卖文卖字　集砚藏书

吕留良一生喜好结交朋友。他在《与姜复高书》中自称"某粗疏人也，平生以朋友为性命"。在他的成长过程中，有忘年之交给他指引教导；在他歧路彷徨的时候，有志行相投的朋友给他坚定信念。他对待朋友，真诚深情，与朋友不仅在诗文学问上有交流，而且在生活上对朋友的关照帮扶也是倾尽心力。在顺治十七年（1660），他与几位朋友相约卖艺，或卖文或卖字或卖画、卖印，成就了一段学林佳话，吕留良并作《卖艺文》记述此事。文中说："东庄有贫友四：为四明鹧鸪黄二晦木，槜李丽山农黄复仲，桐乡毁山朱声始，明州鼓峰高旦中。四友远不相识，而东庄皆识之。"由于吕留良和黄晦木、黄复仲、朱声始、高旦中四位是朋友，所以四位也都相互结识成了朋友。黄晦木就是黄宗羲的二弟黄宗炎，作为前明遗民不出仕清廷，又没有产业经营，生活经常得不到保障，而又有母亲、五个儿子、两个儿媳及一妾，一大家子人要养活，弄得家里"绝火动及旬日，室中至不能啼号"，揭不开锅是经常的事情。高旦中就以自己行医所得来接济黄宗炎，但收入有限，不能维持晦木一家的生计。吕留良知道黄宗炎出身名门，雅好金石，所凿印章有很高的品位，并且还擅长山水绘画，便和高旦中商量筹划，可以卖印、卖画换得温饱。然后又想到黄复仲也很善于作画，且南北宗山水都擅长，下笔秀润生动，简直不让于中国画历史上的"元四家"。黄复仲子女众多，生活也日益贫困，不堪重负，常常有要账催债的堵在家门口，正好可以约上黄复仲一块卖画，以改善生活状况。既然可以卖画、卖印，则替人作文章和诗歌也可以换钱，比如替人作祝寿文章或者祭文等。吕留良相交的朋友大都是诗文高手。他的姐夫朱声始学宗程朱，所作文章气概超凡。但是在经纪营生方面根本没有头脑，家中有两个儿子、一个女儿，经常饥肠辘辘，因此也就约上朱声始卖文。吕留良自己书法绝佳，篆刻上乘，高旦中的书法近于宋代书法家米芾，于是吕留良、高旦中一起卖字；黄宗炎、吕留良一起卖篆刻；黄复仲、黄宗炎一起卖画；朱声始卖文。大家商量好后一起到吴之振家的寻畅楼聚会。吴之振的书画绮丽多姿，趣味天成，在当时也有颇高的声名，也要参与卖艺，因家境不算贫困，他只是卖字画，而将所得悉数都给予朋友们，资助生计。吕留良还草拟了卖艺的润例，现抄录如下，我们可以从中得见一帮文人雅士，当年或许无奈，但还颇为风雅的一段往事的细节，也可见吕留良笃于友谊的一片赤诚。

鹧鸪（黄宗炎）

石印（每方二钱）　金银铜铁印（每方三钱）

玉印玛瑙印（每方五钱）　水晶印磁印（每方四钱）

犀象虎魄蜜蜡玳瑁印（每方五钱）　北宗山水（每扇面三钱）　诗（律一钱、古风三钱、常律每十韵加二钱）　文（寿文一两、募缘疏一两、祭文五钱、

碑记书序各一两、杂著五钱）

丽农（黄复仲）

南北宗山水（每扇面三钱、册页三钱、单条五钱、全幅一册每尺三钱、堂画二两）诗文（同鹧鸪）

丨山（朱声始）

文（每篇一两）

鼓峰（高旦中）

小楷（每扇面二钱） 行书（一钱） 帏屏（每扇幅三钱） 锦轴（每幅八钱） 斋匾（每字一钱）柱联（每对一钱） 诗文（同鹧鸪、丽农）

东庄（吕留良）

石印（每方三钱） 小楷（每扇满面三钱） 册页（三钱） 手卷（每尺三钱） 行书（每扇面二钱、册页手卷同） 单条（三钱） 草书（每扇面三钱、册页手卷同） 诗文（同鹧鸪、丽农、鼓峰）

孟举（吴之振）

小楷（每扇面二钱） 行书（每扇面一钱） 柱联（每对一钱） 画竹（每扇面一钱） 写生（每扇一钱、着色二钱）

康熙九年（1670）夏，江南发大水，两浙地区大部分受灾严重，吕留良家的田地有很多也绝收。当年吕家的收入仅仅能够缴纳朝廷的赋税。就在这样艰难的情况下，吕留良还拿出钱来买米寄到友人家中，帮助朋友们度过饥荒凶年。而且，这年的八月，张履祥及诸友均在吕留良家，由吕家供给住宿膳食。一方面是学友交流谈论诗书学问的聚会，另一方面也是吕留良借此机会来缓解朋友们各自家中的困境。所以，张履祥在书信中说道："用兄养老好贤之盛心，与敦旧恤灾之厚谊，有加不倦，而弟非其人，为可耻耳。"用兄即指吕留良，张履祥了解吕留良的深情厚谊，因此会觉得在吕家住下去是蹭吃蹭喝，感到不好意思，觉得可耻了。这年的十一月，吕留良又冒雪到宁波鄞县，会葬好友高斗魁，在乌石山上伤心痛哭，山中人遥闻哭声都说这肯定是浙西吕用晦（吕留良）啊！足见吕留良对朋友的赤诚和一往情深。

吕留良交友面极广，人数众多，有据可查的就超过百人。《吕晚村先生文集》前四卷都是他写给友人的书信，涉及六十多人。《续集》卷三的《质亡集》共录亡友四十余人。在吕留良的人生路上，对他有重大影响的挚友就有三位，那就是孙爽（子度）、陆文霦（雯若）和张履祥（考夫）。这三个人对吕留良的成长具有至关重要的作用。

孙爽（1614~1652），字子度，别号容庵，明末诸生。孙爽二十三岁那年，即崇祯九年（1636），因乡试成绩优异，补为杭郡廪生，于是名噪远近，与万泰、陆符、卓回、沈佐、黄宗羲、宗炎、魏学濂等人为友。崇祯十一年，吕留良的三兄季臣（吕愿良）联络江浙十余郡的士子成立了澄社，社友千余人，孙爽就是澄社中的佼佼者。崇祯十四年，孙爽与同邑王浩如、陆雯若、吕宣忠等十余人在语溪成立征书社。那年，吕留良才十三岁，成了征书社中最年轻的社员。从此孙爽就同吕留良结为忘年之交。有一天，征书社的社友齐集崇福禅院交流诗文，独有孙爽与吕留良两人坐在大殿上，各自拿出诗作相互交流。孙爽带来了新得到的澄泥砚和程孟阳嘉燧画册，吕留良也是喜好砚台字画的，正好两人兴趣相投，相谈一整天都不累不休，社友们都笑话他们。孙爽就在吕留良的诗作稿本上题字："吾辈今日无可为，惟读书力学，事事当登峰造极，定不落古人后。"后来孙爽又写信勉励留良："吾两人当为世外交，诗文其余事耳。"当时孙爽正在吕家教留良侄儿吕宣忠读书，吕留良也就常常去请教他。孙爽的书案上常放一柄佩刀，长二尺，他自作《铭》曰："吾与汝俱废置而不试，天下汹汹，太平其可致乎?"孙爽渴望报效国家，有所作为，他的言行深深地影响着年轻的吕留良。后来孙爽和吕留良、吕宣忠都积极投身于武装抗清斗争。吕宣忠被清军杀害后，孙爽就"扫迹城市，往来苕、霅间"，过着凄苦的隐逸生活。顺治九年（1652），孙爽贫病交加，不幸与世长辞，年仅三十九岁。孙爽死后二十三年，吕留良怀着沉痛的心情为孙爽写了墓志铭。《铭》曰："此洼然块然，何足以藏君。惟生同乎冰沙穷海之垒群，死何所不可为君坟。黄泉律回绵复缊，后有昌者行所云。"

陆文霦，字雯若，是他引领吕留良走上了评选时文之路，对吕留良的人生产生了深刻影响。明清之际，文人结社成风。明万历以来，在无锡顾宪成的东林党的影响下，太仓人张溥、张采和吴应箕、杨廷枢等人创立复社，松江华亭的陈子龙、夏允彝等人成立了几社。在吕留良的家乡崇德语溪，也先后有澄社、征书社成立。正是在崇祯十四年，经征书社社友王浩如的介绍，吕留良结识了同邑的陆文霦。崇祯十五年，陆文霦与征书社社友选刻《壬午行书临云》一书刊行于世。当时，陆文霦是一位颇具影响的社坛领袖。吕留良在所撰的《〈东皋遗选〉序》中称誉陆文霦"为人警敏而才，能高气锐，喜任事而乐多友"；又说他能"以一布衣，坫站东南者十余年，短笺四出，清流奔走，画船珠钗，川注云浮、龙山、虎丘、西湖、东塔、苕溪、语水之间，市佣妇女犹能指其宴集之处，述其舆从管弦供饮馆帐之盛，自复、澄以来，未之有也"。实在是很不简单的。陆文霦也十分器重吕留良。清顺治十二年（1655）冬，陆文霦邀吕留良同事房选于吴门，为坊贾评选八股时文，引领吕留良走上评选时文之路。当然，吕留良最初参与时文评选与他后来借评选时文，传播民族思想，宣传他的政治主张，阐发自己的学术见解，并有着鲜明的"经世致用"的色彩是根本不同的。但是，几年来，吕留良与友人在语溪结社并参与评选时文，使他得到了一次很好的锻炼机会，也扩大了他的社会影响。所以，吕留良生前对陆文霦引领自己走上评选时文之路是心存感激的。陆文霦死后四年，吕留良即受托为陆文霦整理遗著，刻印出版《东皋遗选》，并亲自作序。序文中对陆文霦一生的遭遇深表同情："今者社事禁绝已久，狺吠牴触之徒，皆席丰资，盗虚誉，遨游当途，弥缝畴昔。独雯若至今被讥呵吹索，为人谢过释罪之具，尤可叹也。"

另外还有一位对吕留良有重大影响的友人，就是桐乡理学大儒张履祥。张履祥（1611～1674），字考夫，号念芝，桐乡县清风乡炉镇杨园村人，人称杨园先生。张履祥是明清之际的著名学者，早先曾师事刘宗周，信奉蕺山"慎独"之学，明亡之后，他经过痛苦反思，放弃蕺山之学，专事程朱之学，当时人视他为闽洛学派的正传。《四库全书·总目提要》中称："履祥初讲蕺山慎独之学，晚乃专意程朱。立身端正，乡党称之。其《全书》多儒家之言，持论颇为纯正。"入清以后，张履祥绝意科举，隐居乡间，设馆授徒以维持生活。张履祥一生践履笃实，所学务在躬行。他主张"治生以稼穑为先",学者"当务经济之学"。张履祥著《补农书》二卷传世。死后入祀乡贤祠,事迹列《清史列传》。

吕留良与张履祥结交是康熙五年(1666)以后的事。康熙五年,吕留良因拒不参加生员的例行科考,结果被革掉秀才之称。这一年,吕留良与黄宗羲因为购祁氏澹生堂藏书发生龃龉,第二年黄宗羲就离开吕家去宁波教书。为聘请塾师,吕留良与张履祥之间有了书信往来。从他们往来的书信看,两人的结交是出于共同的信仰和理想追求。张履祥是当时的理学名儒,吕留良自幼信奉朱子之学,所以他不惜重金聘请张履祥来语溪设馆讲学,共同弘扬程朱之学。吕留良早在康熙三年冬,就曾想请张履祥来家设馆授徒,教子侄辈读书。当时张履祥正设馆于海盐何商隐家。到了康熙六年,黄宗羲辞了吕家馆塾,吕留良便又托人向张履祥转达聘请他来语溪执教的意思,结果又遭履祥婉拒。直到康熙八年,张履祥才应聘来吕家力行堂设馆授徒,教吕留良长子公忠、次子主忠、侄儿至忠等读书。吕留良与张履祥都信奉程朱理学,两人志趣相投,自然情投意合。康熙六年,张履祥作《与吕用晦书》,规劝吕留良不要行医,吕留良在康熙七年就停止了行医卖药。张履祥动员吕留良选刻程朱遗书,吕留良就积极行动起来。吕留良选刻《朱子遗书》就有七种,为《近思录》《延平答问》《杂学辨》《中庸辑略》《论孟或问》《伊洛渊源录》《谢上蔡语录》等。康熙十年，吕留良和何商隐考虑到张履祥年事已高，不应再有课诵之劳，于是两人各出三十金作为张履祥家用，请张履祥往来崇德语溪与海盐半逻间。吕留良和何商隐还曾约请张履祥选编《明代名臣言行录》和《传习录》。吕留良又和张履祥合作选编《朱子语类》一书，书最终未完成，张履祥于康熙十三年、吕留良于康熙二十二年先后谢世，此书最后由吕留良长子公忠刻成《四书朱子语类摘抄》刊行于世。

除了这些对他的人生有重大影响的朋友之外，吕留良还有诸多诗文之友，经常唱和往来，而且他们大多是明末遗民和抗清志士，成为吕留良生活中的知音和苦闷中的慰藉。他与友人之间所作的唱和诗数量很多，其中收在《诗稿》中的作品都不是一般的应酬之作，而是或歌颂纯正的友情，或带有鲜明的政治倾向，都能反映出吕留良一贯的为人与抱负。顺治十六年（1659）后，吕留良先后结识了一批朋友，如黄宗炎、黄宗羲、高斗魁、黄周星等。这些人都有着强烈的民族气节和拒不仕清的鲜明态度，对吕留良产生了重要的影响。康熙二年（1663）四月，留良与高斗魁、黄宗羲、吴之振、吴尔尧等在水生草堂相唱和，并共选宋诗。九月，吕留良又与吴之振、黄子锡等集饮于力行堂，黄子锡出示《如此江山图》，吕留良观后写下了《题如此江山图》长诗。这段时间是吕留良诗歌创作的丰收时期，后来诗作结集为《怅怅集》。康熙八年，他约友人同游南北湖，即景赋诗，许多诗篇都富有强烈的反清意识。这三十多首记游诗，成集时题为《真腊凝寒集》。另外吕留良还结交了黄虞稷、周在浚等一批新友，写了许多唱和诗，全都收在《零星稿》中。吕留良诗才颇高，学宗宋诗，他的朋友吴之振还跟从他学诗。康熙十年，《宋诗钞初集》刻成，吕留良亲自为八十二位诗作者写了小传，对这些诗人作了介绍和评论。

中国古代的文人名士，往往都有一些雅趣嗜好，吕留良就喜好收藏砚台。他自称自幼就嗜好砚石，在明清鼎革前已经收集了二三十方。崇祯十七年（1644），吕留良与侄儿吕宣忠同游杭州，见到一块青花紫石，两人都很喜欢，争相出价要买，出价越来越高，远远超出了商家的要价，以致商家觉得诧异反而不卖了。从杭州回家后，叔侄俩为这事还互相埋怨了好些天。最终还是吕留良花了大价钱买到了那块砚石，马上请工匠斫为宋款砚台，之后几个月吕留良都把这方砚台抱在手上，摩挲把玩不厌倦，连睡觉时也舍不得放下。大家都觉得他痴愚可笑，也都知道了他喜爱砚石的癖好。经过几年烽火战乱，吕留良参加抗清义师，无暇顾及砚台和书籍，便将一些较好的实在不忍舍弃的托付给同村的友人保管，但是村友后来死于清兵杀戮，书和砚都散失殆尽。顺治五年（1648），吕留良再回到崇德家中时，只能在市场上随便买块石片磨墨了。这对一个曾经拥有不少佳砚的文人来说，是多么痛苦与悲惨的事情啊。这时，孙爽将一方眉槽小端砚送给他，吕留良感慨道："吾自此复有砚！"吕留良的朋友们也都从其所好，有好砚就赠送给他，以表示朋友的情谊。吴尔尧赠送"山高月小砚""不满砚"；黄宗炎赠送"红云砚"，吴之振赠送"卤砚""蛊蛀砚"，黄宗羲初会吕留良时即以"八角砚"见赠，此砚历经梅朗三、陆文虎、万履安等抗清志士之手，辗转十几年再至黄宗羲手上。吕留良为纪念朋友们的厚意，便以"友砚"来命名自己家的厅堂，以后他还专门撰写了《友砚堂记》来记述朋友们赠送的各方砚台及经历典故。

作为文人，藏书自然是少不了的，吕留良藏书甚富，大多购自山阴祁氏澹生堂藏书，均贮藏于吕家拜经楼。而且他最喜爱读宋人之书，平生搜罗宋人文集，或买或抄或借，博观约取，用力至勤。为了搜集宋明两代文集，康熙十二年（1673）春，吕留良专程到金陵向当地藏书家黄氏千顷斋、周氏遥连堂借抄藏书数十种，历时近一年，抄得书籍数千页。康熙十六年，吕留良访求书籍到嘉兴，专门拜访了沈受祺，在沈家寻到钱吉士的文稿。至于平时与友人间书信往来，吕留良也总是不忘相商借书买书之事。他曾向张履

140

祥询问《仪礼经传通解》的苕中善本是否可以借来抄录，又曾给董杲写信说："凡明文，不论房行社稿，皆为我留神访之。又汤若望有《天文实用》一书，幸为多方购求一部，感甚!"用心如此，吕留良遂成为明清之际两浙一大藏书家，尤以宋元善本收藏丰富，遐迩闻名。不过，也正因为争购书籍善本，发生了一段公案，吕留良与黄宗羲由亲密朋友而生发龃龉。

东庄梨洲　相知反目

在吕留良的交游中，与黄宗羲的交往是最让人注意的，也是很让人匪夷所思的。因为他们两人的关系，始而一见如故，赋诗唱酬情谊融洽；继而互相攻击感情破裂，分道扬镳；最后反唇相向，谩骂不止，以致终身成隙，不复往来。二人的关系为什么会是这样的状况，成了清代学术史上的一桩颇为引人注目的公案。

黄宗羲（1610~1695），字太冲，号南雷，世称梨洲先生，浙江余姚人。他比吕留良年长十九岁。明崇祯元年（1628），黄宗羲千里赴京，为父亲黄尊素鸣冤而声震朝野，一年后吕留良才出生。而黄宗羲又卒于吕留良卒后十二年。吕留良是崇德县人，在钱塘江以北，距离钱塘江以南的余姚虽不算很远，但在传统地域所属上，一属浙西，一属浙东。吕留良是先认识黄宗羲的弟弟黄宗炎的。黄宗炎，字晦木，他和吕留良交友是在顺治十六年（1659），二人在杭州相遇。吕留良因宗炎而得交于宗羲。第二年秋，留良和黄宗炎、高斗魁会黄宗羲于杭州孤山，宗羲赠送八角砚给吕留良，认为可以为友。这时黄宗羲五十一岁，吕留良三十二岁，也真是忘年交了。这年十月，黄宗羲游庐山后又到崇德见吕留良，留良欣然赋诗相赠。这可以证明他们相见的第一年是十分投契的。

康熙二年（1663）春，黄宗羲应邀渡江北来语溪，执教于吕家梅花阁，黄吕二人过从甚密，经常诗文唱和。此后，直到康熙五年，黄宗羲每年均往返于余姚、崇德间。起初，每当黄宗羲南归时，吕留良总要远送至杭州。就是短暂的作别，他们之间还不时有诗文酬答，以寄托思念之情。黄宗羲曾经为吕留良的《友砚堂记》作跋文，跋中说："用晦之友即吾友，用晦之砚即吾砚。"可见两人投契交好之情，近于手足。康熙三年四月，吕留良又与黄宗羲等一起同往常熟探望钱谦益。次年，黄宗羲陪同吕留良拜谒了南宋朱熹传人辅广（潜庵）的墓，并提出为辅氏立碑，而且还亲自撰写了《辅潜庵传》。这年，黄宗羲作《八哀诗》，吕留良为诗作跋，同哭已故友人。吕留良还曾资助黄宗羲三百金刊刻刘宗周遗书。然而，随着时间的推移，两人密切的关系逐渐冷淡下来。康熙五年，黄吕关系更是为之一变，起因恰是购买祁氏澹生堂的书籍。

明末浙东绍兴人祁承㸁耗费巨资修建"旷园"，其中的澹生堂藏有古今秘籍十余万卷，是江南著名藏书园。然而在祁氏病逝后不久，因明末发生战乱，澹生堂藏书全部转移到云门山化鹿寺。从此，祁氏所藏秘籍开始散失。康熙五年，黄宗羲和吕留良合资进山入寺访购书籍，他们都很关注寻觅宋元文集，但是历经几年的流散，澹生堂藏书当时仅剩经学、稗官野史等少数图书了，其中还有卫湜的《礼记集说》、王偁的《东都事略》等宋人著作，二人自然都想获得。据黄宗羲《天一阁藏书记》中说，本来是黄购得这两部宋人之书，但在途中因"书贾"做了手脚，窃去两书，最终得而复失，引起了黄宗羲的极大愤怒。黄宗羲所指责的"书贾"即是吕留良。对此，私淑黄宗羲的全祖望在《小山堂祁氏遗书记》中也说是吕留良授意使者中途窃取黄宗羲所购的《礼记集说》和《东都事略》，因此黄宗羲怒而"绝其通门之籍"，就是说不要吕留良做自己的学生了，并说这之后吕留良才力辟王阳明心学，是为了反对黄宗羲。显然，全祖望的记载是偏袒黄宗羲的，并不公允，而且全氏所说不尽符合事实。因为吕留良从来没有成为黄宗羲的弟子，他们二人是朋友关系。再者，吕留良尊朱辟王是从来的立场，并非在发生争购澹生堂书籍之后。同样谈及购书之事，陆陇其就持另外一种说法。据《三鱼堂日记》说："晋州陈祖法言，梨洲（黄宗羲）居乡甚不满于众口。尝为东庄（吕留良）买旧书于绍兴，多以善本自与。"也有说法是黄宗羲"择其奇秘难得者自买，而以其余致晚村"。全祖望也有确认说"旷园之书，其精华归于南雷，其奇零归于石门"。照此说，在购书过程中，得益的是黄宗羲，而不是吕留良。所以，此事也曾引起吕留良本人的强烈反应，认为黄宗羲的做法有负朋友之托，两人的关系不免出现了明显的裂痕。之后两人感情日恶。还有一事，黄宗羲有《与吕用晦书》，就是写给吕留良的一封信，却偏不直接给予吕留良，而给其他各人传观，信中多有批评之词，对吕留良的影响很坏。吕留良有《与黄太冲书》质问这件事，两人关系已经到了明显龃龉的地步。自康熙六年起，黄宗羲辞去吕家塾师，不再到崇德去。这以后，黄吕之间虽然尚未完全决裂，但已经是貌合神离，罅隙难以弥补了。大约在康熙七年或八年以前，黄宗羲与姜希辙刻刘宗周的遗书，吕留良就不愿在书中署校对名，他给姜希辙的儿子姜汝高写信表示了对于黄宗羲的不满。

康熙八年年末，他们的分歧开始表面化并进而演化为争端。特别是当次年高旦中死后，因为黄宗羲作《高旦中墓

144

志铭》两人引起争议，使得两人的感情更坏了。这年的冬天，为安葬高旦中，黄吕二人在鄞县不期而遇，吕留良看到黄宗羲所写的墓志铭中有说"旦中之医行世，未必纯以其术""日短心长，身名就剥"等句，认为太过苛责，不是作墓志之法。由于吕留良的反对，这墓志铭没有马上就刻。大约当时高氏子弟曾请求黄宗羲将墓志改写几句。黄宗羲在康熙十年有《与李杲堂、陈介眉书》，信中说墓志不能改，并说不可改的理由，有些话确实暗中侵及吕留良。其中说因为吕留良学医于高旦中，所以在高旦中死后吕要高度评价高旦中的医术，并不是为高旦中着想而是为吕自己着想，为了将来自己的医术医品也得到高度的评价。还说吕留良这样为墓志铭而争，是要从高旦中之死中获利。这几句话说得似乎是太过分，不免太有伤忠厚了。然而，当时吕留良是见不到那信的。直到康熙十九年，黄宗羲的文集《南雷文案》刊刻出来，吕留良才见到，自然是愤懑恼怒。对《南雷文案》，吕留良大不以为然，评价它是"议论乖角，心术锲薄"。还指斥黄宗羲"当道朱门，枉辞贡谀；纨绔铜臭，极口推崇；余至么魔鬼琐，莫不为之灭瘢刮垢，粉饰标题"。还批评黄宗羲对高旦中是"驱使于生时而贬驳之身后"。吕留良在《与魏方公书》中谈及此事，甚至到了破口谩骂的地步。而黄宗羲也是反唇相讥，在他的诗文集中，虽不见对吕留良指名道姓的谴责，但是凡是"时文选手""纸尾之学""墨守章句"一类的贬斥，实际上多是暗指吕留良的。黄宗羲的门徒弟子也都对吕留良极力攻击，以吕氏"为异己之罪人，鸣镝所注，万矢恐后"。这样，黄吕二人感情破裂，直到康熙二十二年吕留良逝世，他们之间一直未有往来。

关于吕留良与黄宗羲的决裂，真正的原因到底是什么，自清初以来就众说不一。吕留良的儿子吕公忠认定就是"因争高旦中《墓志》起"；万斯同认为一是梨洲有书信言留良之失，二是梨洲之子曾唐突留良；全祖望归结为购书的纠纷。近代以来，钱穆和容肇祖两位先生提出新的说法，认为导致黄吕感情破裂的真正原因，是他们学术思想之间的差异，即黄宗羲专崇陆王心学，而吕留良坚守程朱理学。近年来，陈祖武先生和徐定宝先生指出黄吕二人立身旨趣的分歧，对待清廷的政治态度的差异，即如何坚持"遗民"的立场和行为气节上的不合，是两位关系终难弥缝的原因。这种从立身处世的态度以及政治态度的角度切入，探究黄吕之争的根源，给人以很多启迪。吕留良和黄宗羲都是亲身经历明清更迭的人，也都同样参加过抗清的斗争。入清后，一些故明王朝的士大夫，对清廷采取了不合作的态度，或埋首乡间土室，或遁迹佛院空门，或潜心著述授徒，或寄影山林远游，这样的人史称"明遗民"。但是，"明遗民"也并非一成不变，在绵延近二十年的大规模抗清斗争失败，恢复大明的希望破灭，清廷的统治趋于稳固之后，这些遗民也不可避免地要发生分化。其中有坚守志节的耿介之士，但是也有不少人晚节不保。黄吕二人历经社会环境的变迁和遗民的分化，他们都做到了终身不仕清廷，但究竟怎样才算是真正的遗民的处世之道，他们之间却存在较大的分歧。在黄宗羲看来，明清易代，作为一个知识分子，只要不到清廷做官，就可以无愧于"遗民"之称了。他在晚年选取了潜心著述和讲学的学者生涯，其间，又不时地与清廷的官员相周旋。比如康熙六年，到历任顺治间兵科都给事中、奉天督学的姜希辙家执教，并和姜重新举办绍兴证人书院讲会；康熙十五年，应海宁知县许三礼之请在当地公开讲学；为顺治末兵部尚书李祖荫、通议大夫靳弼等人作传。这些行为，在当时和后世留下了许多的余议。吕留良就对黄宗羲与清廷官员往来嗤之以鼻，讥讽为"满握炉钳老阿师，琅琅幕府进弹词"。康熙六年，当他获悉黄宗羲执教于姜希辙家时，愤然写下《问燕》和《燕答》二首诗，诗中以趋炎附势、舍弃穷屋檐而居雕梁画栋的燕子，隐喻黄宗羲。吕留良还写诗文，其中多有讥刺黄宗羲的话语。他曾写有五言古诗《管襄指示近作有梦伯夷求太公书荐子仕周诗戏和之》，来指责黄宗羲请求姜希辙推荐自己的儿子到户部右侍郎周亮工家任教。诗中写道："顿首复顿首，尻高肩压肘。俯问此何人？墨胎孤竹后。"又有道："明夷又纲宗，寒室别传受。公当嗣大法，细子能札授。"可以说是挪揄嘲讽，无以复加了。固然，黄宗羲与清廷官员的往来，并非苟且偷生，有其全身远祸的苦衷，吕留良的指责也过于苛刻。但是，黄宗羲在自己的文章中，把清朝称为"国朝"，把清军称为"王师"，称誉康熙帝为"圣天子"，这同吕留良直呼清朝为"清""燕中"，相去就太远了。一个因为要谋求生存而不在乎与清廷官员有"干涉""往来"，一个则是要固守"遗民"的矩矱，不惜削发为僧，两人分道扬镳也就不可避免了。回想黄宗羲、吕留良二人相识之初，能够交好相契，正是因有相似的民族立场，立志做"明遗民"，各引为知己。而二人的决裂，又恰是在于坚持民族立场上的歧异。其他的因素，争买书也好，争高旦中墓志也好，书信之事也好，都只是一些偶然的事件，是决裂爆发的契机而已。

吕留良之所以不必像黄宗羲一样依附权贵，还在于他颇有经济才能，可以做到自食其力，能够不出仕而求得生存。

医学高手　经济良才

康熙五年（1666），吕留良弃绝举业之后，便提起行囊，

148

四处为人治病。一方面，以行医而隐世；另一方面也以此效法古代义士，表示自食其力。他治病救人，乡里都称誉他医术高明，积德行善事，而且医名远播，"远近复争求之"。吕留良就曾行医至南京，并奔走各地为求医者治疗。其实吕留良的医术，既非家学，也无师承，但他的挚友高旦中精于医道，并以之"名震吴越"，"往来两浙，活人甚多"。吕留良三十一岁那年，由黄宗炎介绍，在杭州孤山认识黄宗羲时也认识了高旦中。高旦中，浙江四明（今浙江鄞州区）人，先世以医名家，习儒精医，治学张介宾、赵献可，是中医易水学派的代表医家之一，撰有《医家心法》三卷、《四明医案》一卷传于世。清代医家胡念庵称高旦中"所言多奇论，治病多奇中"。顺治十七年（1660），吕留良患重病，卧床不起，高旦中到语溪为他诊脉疗疾，使吕留良安泰痊愈。之后，吕留良曾以"村醪有味天然淡，野菊无名分外香"的诗句相赠。吕留良很钦佩高氏的气节与医术，两人意气神合，遂结为知己。这年秋天，高旦中也寓居崇德，行医施药。在与高旦中的密切交往中，吕留良耳濡目染，钻研医案，学习医理药性，加之高旦中不吝医才，把自己所掌握的医道奥秘尽情相告，吕留良又是天资敏妙，悟性高超的人，竟然无师而成。吕留良对高旦中很是推崇，两人交谊也很深厚。吕留良曾以团砚赠送高旦中，也曾赋诗相赠。康熙九年（1670），高旦中病逝，吕留良非常悲痛，亲赴宁波，料理他的丧事，表明他对这位医友学长的深情。

吕留良虽然学习高氏，也师承张景岳、赵献可，推崇温补法。他主张随证论治，师古而不拘泥于古，立法处方颇有特色。《东庄医案》中集录他临证治验的三十个医案，多用人参和地黄，反映了他的辩证思维和用药风格。吕氏曾为他的老师徐甘来诊疾，徐久患下血，里急后重，忽滞下，口渴不饮，继而体热，脉淡数。吕留良先用白术、茯苓、山药、丹皮等，以解其积郁之热，然后用熟地、当归、芍药等以复其阴，最终使徐氏痊愈。吕留良还曾为张履祥的妻子医病。纵观其脉案、理法、方药丝丝入扣，可以窥见吕留良温补学派医疗学术思想之一斑。

然而，他的朋友们则认为这并非吕留良的用武之地，纷纷进行规劝。康熙六年，张履祥写信给他，希望他勿要"隋珠弹雀"。"奚必沾沾日活数人以为功哉？"此后，他有保留地接受规劝，不再外出行医，但对上门求医者，则依然不予拒绝。后来求医者络绎不绝，以至于不堪应酬而惹起误会。康熙十二年春，他终于作出决断："自誓不但不提囊行药，并叩关谒医者一概固辞。"结束了十四年的悬壶生涯。在医学著作方面，吕留良有《医贯评》《东庄医案》《赵氏医贯评》等，都是中国医学史上的珍籍。

吕家先世就是以经商起家，累积财富，盛至倾邑。吕留良也很有经营和管理才能。他本身为学主张就不仅仅是读书一事，而是强调生活践履，处处关心。他的儿子吕公忠说乃父"夙兴夜寐，终日乾乾，木屑竹头，处之各当，靡不经心。常指示不孝辈曰：即此便是学，汝等勿看做两橛也"。高旦中也评说："晚村百冗猬毛，八面受敌，则神愈闲，气愈摄，精采愈焕发，殆神勇耶。"可见吕留良才能出众，应对从容。顺治十四年（1657），吕留良倡社崇德，周遭数郡名士毕至，人数众多，头绪纷杂，而全由吕留良一人综理一切，指挥部署，集会结束后连一个杯盘筷子都没有丢失，井井有条。大家都很佩服吕氏的管理能力，其他人可能分任十分之一都办不好。康熙十年（1671）春旱，流亡饥民众多，虽然有开厂施粥，但往往被暴虐胥吏侵冒，吕留良提出分区散米。他写的《赈饥十二善》一文，详细论述了赈灾的具体办法和应该注意的问题，保障了最贫最饥的乡民能够得到赈济，这种方法比笼统施粥有效得多，"全活甚众"。康熙十八年荒歉，吕留良倡行保甲赈济，详为规划，写了《保甲事宜》，其中论述如何利用保甲制度强化社会治安，并就此提出了具体意见。这些反映了吕留良对于国计民生的意见和想法，表现了吕留良作为一个知识分子，对天下事、国事、家事的深切关心，这是非常可贵的。另外，吕留良还曾协助兄长处理家中的变故，协调安排一切，妥当周全。这些充分显示出吕留良的管理处事才能。所以，直到民国初年，章太炎还评论说：吕留良"然性善治生，欲以家资有所就"。并举例："公忠称其大治宴饮，不失一匕。清世宗称其日记所录，微及粪壤，皆善治生之证。其选录时文，盖亦为营业计，且以其易传，使人渐知有天盖楼耳。"吕留良的善于经营治生，集中体现在他选录时文，刻印发卖书籍的活动中。

明末清初由于印刷业的普及，印刷速度和数量都有惊人的提高，刺激了书籍流通和藏书量的相应增长，不但高质量的书坊遍布江南一带（南京、无锡和歙县为多），藏书楼的藏书量也日益增大。书籍交易和流通也进入了新的阶段，像北京、南京都有自己固定的图书交易场所。而且书籍出版也由纯学术向学者圈内的商业性刊行转变，使许多人在生前就将更多的著作陆续出版，而不是等死后由他们的门人弟子或后代集中印行。比如当时著名时文选家艾南英的著作就是"随作随刻"。他的著作在苏杭一带的需求量很大，书肆的业主们用重金请他们著书再由书肆出版。吕留良的点评时文，在这样的社会大环境背景下，已不仅仅是关起门来评选时文的传统个人的书呆子行为，而也渐成一种复杂的传播和营运网络。吕家自开刻书局，名"天盖楼"。吕留良在《致韩希一书》中自称"弟处自开刻局，有二十许人"，"向以方药糊口，卖所刻文字，颇足支吾"，可见其规模不小。在吕留良四十五岁这年，他自己经营的书籍运营网络已初具规模，"天盖楼"的时文本子风行海内，以至于发卖坊间的价格达到"其价一兑至四千两"，收益是很可观的。这年夏天，吕留良来到南京，寻访宋元书籍，并且带着昔日好友陆雯若的墨选时文前来南京发售，卖得很不错。

他对金陵图书市场的行情颇为熟悉，在《答潘美岩书》中，他提到书坊分为两种，一种叫"门市书坊"，那是零星分散在书铺廊下的零售书贩；另一种叫"兑客书坊"，地点在承恩寺，各省书客都在此处交易。大约外地的书籍到金陵后，为了各地书客采购的方便，都以承恩寺为集散地，书一到承恩寺，就有一种中介者叫"坊人"的代为联络售卖，价格也没有一定的规矩，主要视书的流行程度而定高下。吕留良的书曾经在承恩寺一个叶姓的坊人处代为发兑，由于吕留良可能有一阵儿没有直接去金陵监督售书，这位叶姓坊人出现了一些欺诈行为，同时吕留良的书也销售得越来越好，所以干脆就辞退了坊人中介，自己在南京开设书坊，出售自己编刻的书籍。吕留良的发行所离承恩寺只有二三里地的距离，他自己不但亲自经营，而且还派儿子吕公忠等赴金陵售书访书。吕留良在四十六岁已决心终止批选时文，但在以后数年中一直到各处游历，寻访旧书及各种时文选本，并售卖以补家用。在金陵自营售书，不依赖于承恩寺市场，可见其销售规模已大，吕留良还把贩书网络延伸到了福建，并派儿子公忠前往经营。他给吕公忠的信中写道："此月中再得百数十金，乃足了债。至少必再得百金，不知能有济否。"并提示说："儿勉气！一路但见好书，遇才贤，勿轻放过。"甚至督促公忠一出门就订一个日月小簿，天天登记省察自己的活动，并指点儿子应该拜访哪些紧要之人。心思细密，照料完备。

不过，吕留良卖书求利的行为动机与"市井商贾"有所不同。他在一篇给后人的书信中强调"卖书非求利也"，卖书的目的在于"为衣食制度之本不可不先足备，正欲使后世子孙知礼义而不起谋利之心，庶几肯读书为善耳。若必置文章而谋治生，则大本已失，所谋者不过市井商贾之智"。

第7章

身后变故　碎尸万段

吕留良奇特的人生命运，还表现在他死后也不平静。一场惊天大案牵连吕氏一门，并且殃及门生弟子，甚至刊刻吕留良著作的书商也在所难免。在清朝文字狱历史上，吕留良案是最为独特、最令人费解，也是最为惨烈的。

曾静案发　雍正出奇料理

吕留良死于康熙二十二年（1683），留下了大量的撰著，包括文章、诗歌、时文评选以及日记。本来人死了就"一了百了"，谁知厄运在他死后四十余年，还降临到他的身上，"受极刑于身后"，被"剖棺戮尸"，以至于曾经流传十分广泛，影响几乎遍及全国的吕留良著作"渐不为人称道"。寻找其根源，是由于曾静的谋反案，及后来在雍正的"出奇料理"下，以吕留良为对象酿成的一桩震惊全国的文字大狱。

曾静是湖南郴州永兴县人，号蒲潭先生，曾应科举考中过秀才，后来屡试不第，以教书授徒糊口。由于家乡连年灾荒，生活很是贫寒，对清朝的统治现状不满，逐渐萌生反清意识。雍正五年（1727），他在靖州应试过程中，看到了吕留良评选的时文，书中的"夷夏之防大于君臣之义"以及"井田封建"等内容，促使了他反清思想的进一步发展。他对吕留良非常敬佩，于是派自己的学生张熙千里迢迢来到吕留良的家乡寻访吕留良的遗著。当时崇德县已改为石门县。张熙来到石门县后，见到了吕留良最小的儿子吕毅中。吕毅中将父亲生前留下的部分诗文、日记等交给张熙，还介绍张熙与父亲的学生、湖州人严鸿逵和严的学生沈在宽结识。一时间，张熙和吕毅中、严鸿逵、沈在宽彼此颇感志同道合。张熙返回湖南后，一面将吕留良的遗著交给曾静，一面将在浙江石门县访问吕毅中、严鸿逵、沈在宽等人的情况一一告知。曾静将吕留良的著作仔细研读，感到很有所得，其中，吕氏的《钱墓松歌》《题如此江山图》等具有强烈反清思想的诗文，使曾静的反清思想愈益坚定。当时，他又听到一些有关雍正矫诏篡位的传说，还听说担任川陕总督的汉族大臣岳钟琪是岳飞的后代，掌握很大兵权，两次要求进京朝觐皇帝，雍正均未许诺，已经受到雍正的猜疑。曾静心想，如果上书劝岳钟琪反清，很可能成功。因此，雍正六年九月，曾静便化名夏靓，派张熙化名张倬，到西安川陕总督衙门投书，劝岳钟琪起兵推翻清王朝。

岳钟琪见了张熙，拆看来信，见是劝说他反清的，大吃一惊，问张熙说："你是哪里来的，胆敢送这样大逆不道的信？"张熙面不改色地说："将军跟清人是世仇，您难道不想报仇？"岳钟琪说："这话从哪儿说起？"张熙说："将军姓岳，是南宋岳忠武王的后代，现在的清朝皇帝的祖先是金人。岳王当年被金人勾结秦桧害死，千古称冤。现在将军手里有的是人马，正是替岳王报仇的好机会呢。"岳钟琪听了，马上翻了脸，吆喝一声，把张熙打进监牢，并且要当地官吏审问张熙，追查他是受什么人指使的。张熙受尽种种酷刑，就是不招，说："你们要杀要剐都可以，要问指使人，没有！"岳钟琪心想，这个张熙是个硬汉，光使硬的治不了他，就另想了一个软的办法。第二天，他把张熙从牢里放出来，秘密见了他。岳钟琪假惺惺地说：昨天的审问，不过是试探，自己听了张熙的话，十分感动，决心起兵反清，希望张熙帮他出主意，希望张熙能讲出指使者，要请他前来一同筹划。张熙开始不相信，但禁不住岳钟琪装得郑重其事，垂泪满面，还赌咒发誓，以致信以为真，两人商谈了几天，关系渐渐热乎起来。张熙无话不谈，把他老师曾静怎样交代的话都抖了出来。还说他与其师如何受吕留良著述影响，曾到浙江吕家访求遗书，并将与吕留良之子和学生交流的情况等，都和盘托出。

岳钟琪哄得了张熙提供的情况，一面派人到湖南捉拿曾静，一面立刻写了一份奏章，把曾静、张熙怎样图谋造反的情节，一五一十报告了雍正帝。

曾静投书谋反的内容大致有四方面：其一，提出"华夷之分大于君臣之伦"，认为满族人是夷人，是野兽，不配统治全国，否定清朝统治的合理性；其二，具体列举了雍正帝犯有"谋父""逼母""弑兄""屠弟""贪财""好杀""酗酒""淫色""怀疑诛忠""好谀任佞"等十大罪状，否认雍正称帝的合法性；其三，认为雍正称帝以来，天下寒暑易序，旱涝成灾，积尸遍野，民不聊生，老百姓已无法忍受，只要有人造反，肯定会一呼百应，一举推翻清朝的统治；其四，指出岳钟琪是南宋抗金名将岳飞的后裔，虽然出任川陕总督，但雍正对他多有猜疑，要利用"握重兵，据要地"的有利条件"乘时反叛，为宋明复仇"。这显然是明目张胆地策动一位封疆大吏暴动反清的"大逆不道"之举，是"十恶不赦"的大罪。岳钟琪作为汉官出仕向来只有满人才能担任的川陕总督，本就多受猜忌，如履薄冰，如临深渊，现在又有人挑拨他与朝廷的关系，直接策动他反清，弄不好就会有杀身之祸。因而他接到反书后，十分惶恐，当然他的第一举措就是迅即会同满族官员陕西巡抚西琳及按察司硕色审讯张熙。追问他为何谋反？受什么人指使？还有谁是同党？等等。其实从事后审查的实际情况来看，曾静的谋反并非经过周密策划，他们既没有钱粮基地，又没有兵员武装，而且也没有同党联络与后援，只不过是凭借头脑中一些不成熟的反清思想，再根据一些道听途说，便贸然上书策动岳钟琪反清。这说明他们是十足的、愚不可及的书呆子，只能成事不足、败事有余。本来，对这二人的处理，依照常理，按《大清律》规定，以大逆谋反之罪，杀头就完事了。但对于老谋深算、工于心计的雍正来说，却不会如此简单了事。

当岳钟琪接获张熙所投的谋反书，还没有能够审得谋反的实情时，就给雍正上了第一道奏折，拟请将人犯押解到京城去审理。雍正在给岳钟琪的奏折的朱批中说："此事在卿利害攸关，朕量卿不得已而然，但料理急些了，当缓缓设法诱之，何必当日追问即加刑讯。"反映出雍正对如此要案，绝不急于求成，而是要稳扎稳打，一定要想方设法弄个水落石出，是要放长线钓大鱼。而当岳钟琪伪装谋反，使张熙吐出实情后，雍正竟然表现得欣喜若狂，感动得痛哭流涕，迅即朱批奏折表示："览虚实不仅泪流满面"，并对岳钟琪深表嘉奖，"卿此忠诚之心，天祖自然鉴之，朕之喜悦之情，笔难宣谕"，还对岳钟琪表示，他就这件事给岳的谕旨，都是真心话，"少有心口相异处，天祖必殛之"。为了自身统治利益，雍正以帝王之尊，竟对臣下发誓赌咒，目的不过是想笼络岳钟琪，使他进一步审问出更多实情。他在岳钟琪审问张熙的过程中，一会儿指示"可从容暂缓，徐徐设法诱问"，一会儿又朱批"仍要设法好好地宽慰其心"，并指示岳钟琪要进一步追查所供谣传的来源，"将伊从何处所闻，随便再与言之，看伊如何论议"。当他根据岳钟琪奏折提供的情况，下诏指示执政大臣通知两江总督李卫查抄吕留良家，并拘拿其在浙江的同党时，具体指示："奸民口中供出吕留良等，可将岳钟琪奏折抄寄李卫，一一研究，并查其书籍，倘伙贼即获之后，再诘问党羽，其应行拘缉者即着李卫一面办理，一面奏闻。"当刑部左侍郎杭奕录奉命到长沙审问曾静时，他又批示："一定要平心静气，穷究邪说所由来。"当杭奕录要将曾静等押解往京城听审时，雍正帝又批示："一路要着实宽慰带来。"这些批示已透露出雍正决心要利用曾静做更大的文章。我们从雍正为此所发出的谕旨朱批中可以清楚地看到，办理此案的每一个措施和步骤，都是在皇帝亲自操纵指挥下进行的。雍正帝对办理此案，可谓殚精竭虑，煞费苦心。因为，在他看来，此案涉及的内容，关系到清朝的统治政权是否具有合理性，他自己继承帝位究竟是否合法。面对这样的根本问题，怎么能够掉以轻心？办案过程中，在给他的宠臣两江总督李卫的朱谕中他曾表示，曾静加给他以及清朝统治的罪名被揭示出来，是"天道昭彰，令自投首，静夜思之，翻足感庆，借此表明天下后世，不使白璧污然，莫非上苍笃佑乎"。这已表明，他一定要借曾静出的题目，论证其帝位及清朝统治的合理合法，以"不使白璧污然"。他在给另一宠臣河南总督田文镜的奏折上又批道："遇此种怪物，不得不有一番出奇料理，倾耳一听可也。"这又说明雍正对此案已了然于胸，对处理此案已逐渐形成一整套特殊的方案，将一步步实施，即所谓"出奇料理"，并提请人们"倾耳一听"。此案从审问到处理的整个过程看，雍正的"出奇料理"主要表现在以下几个方面：

第一，不惜以帝王之尊，亲自粉墨登场，直接审问曾静，对曾静的谋反书中提出的指控逐条批驳，要让曾静"悔过自新"，最后又编撰了《大义觉迷录》一书，颁发全国，统一全国士民的思想。有关此案的人犯全部押解到京城后，雍正命刑部审理与吕留良有关的人，他自己则亲自审问曾静。他根据曾静谋反书的内容分析，生活于穷乡僻壤、与外界接触不多的一介书生，怎么能了解宫廷中的所谓"谋父""逼母"等内幕，又怎么能有那么多反清的思想和言论？雍正认为其来源不外是"盖其分别华夷中外之见，则蔽锢陷溺于吕留良的不臣之说，而其谤及朕躬者，则阿其那（皇八子允禩）、塞思黑（皇九子允禟）及允䄉之逆党奸徒，造作蜚语，布散传播，而伊信以为实之所致"。满族人入主中原后，汉族士大夫始终以"华夷之别"作号召，反对清朝的统治。康熙末年，在皇位继承问题上雍正与诸皇子之间，一直存在着尖锐复杂的权力斗争。他取得皇位后，虽然以秋风扫落叶之势，对各政敌或杀，或囚，或流放，但并未使对方心服，他们对雍正仍然有种种不利的舆论，并在朝野散布。雍正想通过对曾静的批驳，达到一箭双雕的目的：一则可借此进一步打击分化政敌，澄清他们所散布的对自己不利的言论，使自己的统治地位更加巩固；二又可以借此批驳"夷夏之防大于君臣之义"，清除据此引起的反清思想，强化思想控制，在全国士庶黎民中确立清朝统治合理性的观念。因此，雍正在审问曾静时，对其各条指控，逐一批驳。如所谓"谋父""逼母""弑兄""屠弟"等十大罪，雍正则说：他对父"诚孝"、对母"备尽孝善"、对各位弟兄也以"手足之情"极尽"宽宥"和"仁爱"，他们或病故，或"遂伏冥诛"，都与他无关。他还表白自己既不酗酒，也不贪财，更

162

不好色，而是"清心寡欲"，"天下人不好色，未有如朕也"。至于说到"好杀"，雍正帝更是说那是无中生有。他说自己"性本最慈，不但不肯妄罚一人，即步履之间，草木蝼蚁亦不肯践踏伤损"。还说，自己从不"好谀任佞"，而是"以忠说为生，以迎合为戒"。通过逐条反驳，雍正把自己说成是一个光明正大、心地荡然、忠孝仁爱、心慈手软、不近酒色、爱民如子的"圣君"。反之，他的那些政敌，则全然是一群生性暴戾、争权夺利、贪财好色、结党营私，如同猪狗禽兽一般。总之，只有他雍正继承皇位才合理合法。

对于吕留良宣布的"华夷之辨"，雍正更是着力反驳，说："自古中国一统之土，幅员不能广远，其中有不向化者，则斥之为夷狄。如三代以上有苗、荆楚、猃狁，即今湖北、湖南、山西各地，在今日而目为狄夷可乎？"意思是所谓华夷有不同的时间和地域概念，是相对的、不断变化的。古代所谓的夷狄，今日则多已进入华夏，"何得尚有华夷中外之分论哉"？雍正还举例说，舜帝本来是东夷人，周文王本来是西夷人，但谁不承认他们是古代的圣君。而现今的清朝，"奉天承运，大一统太平盛世"，"为中外臣民之主，则所以蒙抚绥爱育者，何得以华夷而有更殊视"？故此，大家应该像先师孔子所说的"故大德必受命"，承认其统治的合理合法。雍正的这些看法，从中国自古以来就是统一的多民族国家来讲，的确有一定道理，不过，他在这里却用地域概念偷换了民族概念，以此掩盖了满族统治者对汉族及其他民族所进行的民族压迫。此外，雍正还对吕留良的诗文及《日记》中的各种反清思想和言论，一一予以反驳。而后咬牙切齿地痛骂吕留良是"凶顽悖恶，好乱乐祸"，乃名教中之大罪魁，是"千古、万古之罪人"，并说："此等险邪之人，胸怀思乱之心，妄冀侥幸于万一，曾未通观古今大势，凡首先倡乱之人，无不身膏斧锧，遗臭万年。"

雍正在对曾静的审问中，对他软硬兼施，既威胁，又感化。曾静在雍正的淫威下，俯首帖耳，摇尾乞怜，一方面对雍正歌功颂德，极尽阿谀奉承之能事；一方面又把自己骂成禽兽不如，痛自悔恨，说什么"我皇上御极以来，德盛民化，风清弊绝，民间无丝毫烦扰"，"圣德神功，上承列祖，尤无纤毫不惬于心"，而自己作为"弥天重犯为谣言蛊惑，遂戴天不知天之高，履地不知地之厚"，并自称"向为禽兽，今转人胎"。他还在雍正的教化唆使下写了《归仁说》，其中肉麻地吹捧雍正至孝纯仁，康熙传位于他兼得传子、传贤之意，还说雍正朝乾夕惕，勤政爱民，表示："此身若在，愿现身说法，化导愚顽；倘不能生，则留此一篇，或使凶顽之徒，亦可消其悖逆之念。"而后，雍正又将自己就此案的有关谕旨及曾静的供词等编成《大义觉迷录》一书，并为此颁发谕旨，命将此书"通行颁布天下各府、州、县、远乡僻壤，俾读书士子及乡曲小民共知之，并令各贮一册于学官之中，使将来后学新进之士，人人观览知悉"，而且还警告地方官员："倘有未见此书，未闻朕旨者，经朕随时察出，定将该省学政及该县教官从重治罪。"这也透露出雍正一定要用自己的思想统一并强加给全国士民，甚至想延及后世。

第二，雍正的"出奇料理"又表现在违反清法律例及常规，对当事现行政治谋反犯曾静、张熙无罪释放，并让他们到各地现身说法，宣传雍正的德化及自己的归仁思想。曾静与张熙投书谋反，证据确凿，本人也供认不讳，按清朝律法，罪无可赦，理应处以极刑。就连曾静本人也深知自己必将速正典刑。因此，内阁九卿曾上奏雍正，"查律内谋反大逆，但其谋者，不分首从，皆凌迟处死；正犯之祖父、父、子、孙、兄弟，及伯叔父、兄弟之子，男十六岁以上皆斩；男十五岁以下，及正犯之母、女、妻、妾、姐妹、子之妻妾，给付功臣之家为奴……曾静应照此律，即凌迟处死"，而且应株连九族。同时"张熙与曾静共谋不轨，听从曾静指使，赴陕投送逆书，思欲构刑，亦应照共谋者凌迟处死律，即凌迟处死"。但雍正却将大臣们的奏折驳回，而命令将曾静、张熙"特旨赦宥，无罪释放"，不仅自己不杀他们，"即朕之子孙将来亦不得以其诋毁朕躬而诛戮之"。对此，大臣们难以理解，并动员雍正最信赖的怡亲王允祥再上《诸王大臣等再疏请诛曾静题本》。雍正仍予驳回，且坚决表示，他对曾静的"无罪释放"是"再四详慎，所降谕旨，俱已明晰，请王大臣官员等不必再奏"。

雍正曾解释，他之所以对曾静作宽大处理，主要是因为曾静师生并非元凶首恶，而是受人蒙蔽；再者，曾静又能诚心改过，理应施恩宽宥。同时，由于曾静、张熙投书，才使朝廷获知造书诽谤之人，并由此查出元凶，"俾造书造谤之奸人一一显露"，对此，曾静是有功的，"即此可以宽以诛矣"。为宽大处理曾静，雍正甚至为曾静辩护，说后者"无造反之实事，亦无同谋之叛党"。

其实，雍正不杀曾静的真正原因，不过是想利用他作为悔过自新的典型，让他到各地现身说法，宣讲《大义觉迷录》的思想。此后，雍正曾命杭奕禄带领曾静到江南、浙江等地宣讲，又命尚书史贻直带张熙到陕西各地宣讲。还命湖南巡抚赏曾静白银一千两，作为安家之用，并让他到湖南观风整俗衙门听用。

第三，雍正的"出奇料理"的更突出表现，则是由此导演出一桩震惊全国的文字大狱，并强奸民意，将只是文字思想犯的吕留良"剖棺戮尸"，并广为株连。由于曾静、张熙在交代自己的谋反思想时，将其思想根源完全推到吕留良身上，说自己"中吕留良之毒深，所以不察其非，而犯悖发论至此"。而且，岳钟琪在审问张熙后，早在雍正六年十一月初二给雍正的奏折中就曾指出吕留良"罪大恶极，实神人所共愤，国法之所不容者也。虽吕留良久已故去，而其子孙尚存，保无踵继前恶，伏匿衍行，况据张熙供，吕留良著有《备忘录》藏匿在家"，建议雍正"遴委亲信，文武干员，密至吕留良家内，仔细搜查《备忘录》等书，并拘拿吕留良之子孙嫡属。讯有实据，上请天威，严戮尸之典，行灭族之株"。雍正当即照岳钟琪的建议，命两江总督李卫查抄吕留良家，拘拿吕留良的同党。在雍正的密令下，凡与吕留良有关的人员，他的已故的和在世的子孙，有交往的师友、学生，以及编刻吕氏著作，或购买吕氏之书的人，均受到查抄和搜捕，一场声势浩大的文字狱一步步兴起。

在雍正看来，吕留良作为一世大儒，其影响远大于曾静，而吕留良提出的"夷狄"之说、"华夷之辨"，尤其关系到清朝统治的根基，只有对吕留良大张挞伐，才能"维持世教，彰明国法"。所以在审理曾静案的同时，雍正帝就以更大的精力，思考对吕留良思想及其影响如何"料理"。为此，他发布了数道口诛笔伐吕留良的上谕，首先剥掉吕氏"明朝遗民"的头衔，认为"吕留良身为本朝诸生十余年之久，乃始幡然易虑，忽是为明朝遗民，千古惊逆反复之人，有如是之怪诞无耻可嗤、可鄙者乎!"而后又指出吕留良"著逆书，立逆说，丧心病狂，肆无忌惮"，"其所著诗文及《日记》等类，皆世人耳目所未经，意想所未到者，朕翻阅之余，不胜惶骇。盖其悖逆狂噬之词，凡为臣子者所不忍寓之于目，不忍出之于口，不忍述之于纸笔者也"。雍正尤其着重批驳了吕留良反清思想的核心——"夷夏之防"。同时，还给吕留良横加了一些莫须有的罪名，比如说他与叛臣吴三桂相互勾结；又说他在《日记》里中伤康熙，"敢于圣祖仁皇帝任意指斥，凭虚撰造，公然骂诅"；等等。

但是，即使以雍正所列举的吕留良的"罪行"来看，却多未超出文字思想的范围。曾静上书谋反，虽然受吕留良思想影响，但并未受到他的直接指使，本应该由曾静自己负责，说不上是共谋。吕留良的确有反清思想和言论，但他在清兵入关之后，却没有直接的反清活动。然而，在明末清初，具有类似吕留良这种思想且至死不与清廷合作的明遗民则大有人在，比如，顾炎武、傅山、王夫之、黄宗羲、李因笃等人都是如此。但这些人在生前与死后，都并未受到惩处，清廷反而优礼有加，就是吕留良生前也同样受人尊崇。甚至，雍正的宠臣浙江总督李卫到任时还曾经亲自送匾额到吕府，以示亲近；理学名臣陆陇其也在吕留良病逝后，亲自撰写祭文，称颂其学术成就以及对自己的教诲和影响。但吕留良在死后多年，却因曾静谋反案的牵连，被雍正大张挞伐，受到文字狱的残酷陷害。这完全是清朝统治者出于政治需要，对吕留良进行的无辜迫害。

吕门劫难　子孙屠戮流放

清雍正八年（1730）十二月，刑部衙门奏议对吕留良的惩处意见，奏称："吕留良身列本朝，追思旧国，诋毁朝章，造作恶言，妄行记撰，猖狂悖乱，罪恶滔天，悖犯已极，允宜按律定罪，显加诛灭。"并主张"吕留良应剉尸枭示，财产入官"，"伊子吕葆中逆迹彰著，亦应剉尸枭示；吕毅中，应斩立决；伊子孙并兄弟伯叔、兄弟之子及女、妻妾姊妹，子之妻妾，应行文督抚查明，按律完结"。这种"剉尸枭示"并株连九族的苛毒惩处，对于"思想犯"来说，实在过于严酷苛刻，但正符合雍正的心意。雍正帝当即批示："朕思吕留良之罪，从前谕旨甚明，在天理国法万无可宽。"但是，雍正却又想盗用民意，说什么"天下之广，读书人之多，或者千万人中，尚有其人谓吕留良之罪，不至于极典者。朕慎重刑罚，诛奸锄叛，必合于人心之大公"。因此，特下旨征询对吕案处理的意见，他又假惺惺地指示，"着将廷臣所议，行文直省学政，遍行询问各学生监等，应否照议，将吕留良、吕葆中应剉枭示，伊子吕毅中斩决"，"着秉公据实，作速取具该生监等结状具奏。其有独抒己见者，令自行具呈该学政，一并具奏，不可阻挠隐匿"。这貌似民主，实际上又是玩弄阴谋，深恐反清思想在文人阶层中多有存在，一则是对士人示威，二则是想发现不同的异己分子。

这个指示下达以后，确然有少数不怕死的读书人持反对意见。其中就有对文字狱早就不满的齐周华。齐周华（1698~1767），字漆若，号巨山，又号孤独跛仙，浙江天台县人。他秉性刚直，仗义执言，这突出表现在为吕留良翻案上。他不顾"大逆不道"的罪名，直言写了一份《救吕晚村先生悖逆凶悍一案疏》。由于各级官府都不敢上呈，他便仗剑赴京。到了南京，盘缠用完了就把剑卖了，继续北上。到北京后，刑部具疏，仍退还浙江处理。浙江抚台当即派差官将齐周华拘锁入狱，严刑拷打。有人劝齐周华承认疯癫，就可以获得释放，但他坚执不从。在狱中五年，齐周华撰文赋诗，汇集成《风波集》，以南宋岳飞的冤屈自比。其中有很多传诵一时的名句，如："头经刀割头方贵，尸不泥封尸亦香。"还有题在监狱墙壁上的诗："应诏陈情不惮劳，间关跋涉赴西曹。天颜有喜谁能近？赤日无私只自高。堪恨浮云笼砥柱，宁愁狂雨杂风刀，孤身愿为纲常重，甘弃青襟葬野蒿。"雍正十二年，钦差大臣留公宝来浙江天台监修国清寺，

170

获悉齐周华冤案，深表同情，曾经奏疏营救。不久浙闽制府郝玉麟巡视天台，齐周华的儿子拦路哭诉。郝玉麟借游华顶山题写"仰之弥高"，表示对齐周华的敬佩，又撰"物外有人闻始见，山中无乐老方知"一副对联，差人送到狱中请齐周华书写。此举使对齐周华的监管稍稍宽松了些。直至乾隆即位（1736），齐周华方得大赦出狱。

此后三十年，齐周华怀着愤世嫉俗之心，徜徉于山水之间。他登泰山，入潼关；涉沅湘，渡粤峤。每到一地，他都注意搜罗奇闻逸事，风俗人情，并写作文章来记载。他的"一生心血尽在于斯"的《名山藏副本》一书，就是他登五岳、太白、雁荡、天台等山岳的游记，以及记述朝鲜风俗和涟水湘源考等文章的结集。他的文章气充辞达，骨健理真，卓然大家。后人说他的游记，"写景状物，大含细入，曲尽其妙，可与徐霞客并擅胜场"。新编的《中国旅游文学史》将他和徐霞客、袁宏道等并列而辟专章叙述。乾隆三十二年（1767），齐周华因汇编《地舆楼》集，前案又发，最终被凌迟处死于杭州。直到辛亥革命浙江光复后，浙江省议会决议建"四贤祠"，将他与黄宗羲、吕留良、杭世骏同祀于杭州西湖三潭印月。

尽管有不同的地方、不同的人为吕留良案件鸣冤叫屈，雍正帝却于雍正十年十二月又下旨："今据各省学臣奏称，所属读书生监，各具结状，或谓吕留良父子之罪，罄竹难书，律以大逆不道，实为至当，并无一人有异问者，普天率土之公论如此，则国法岂容宽贷。吕留良、吕葆中俱着戮尸枭示，吕毅中着改斩立决，其孙辈俱应即正典刑，朕以人数众多，心有不忍，着从宽免死，发遣宁古塔与披甲人为奴。"真是既要行专制独裁、蓄意杀人之实，又要盗用秉公执法，尊众公论之名。不仅如此，与此案有关的吕留良的学生严鸿逵也被戮尸枭示，沈在宽予凌迟处死，他们的近亲属也照律株连治罪，或斩杀，或发配为奴。其他还有吕留良的私淑门人黄补庵，刊刻吕留良著作的车鼎丰、车鼎贲，以及与吕留良"往来契厚"或"刊藏禁书"的孙克用、周敬舆等，也或斩立决，或斩监候，妻妾子女也给功臣家为奴。另外还有各种多少有牵连的人，更是无计其数，或被革生员，杖一百，流三千里；或被革教谕、举人、监生、生员，杖一百，徒三年……一场惩处残酷、株连众多的文字狱实在是令人触目惊心。

仅就吕氏一门来说，当时就有吕留良自己以及已故的长子吕葆中被开棺戮尸，幼子吕毅中斩立决，吕氏诸孙辈十二户，男女老少及家人仆妇共一百一十一人，全部流放到宁古塔给披甲人为奴。民间传说的女侠吕四娘刺杀雍正为祖父吕留良复仇的故事，即来源于此。

乾隆四十年，吕留良诸孙之一的吕懿兼及其堂侄吕敷先、吕衡先、吕念先四支近三十人，又因事改发配到更遥远的齐齐哈尔。这些人在齐齐哈尔有的施教，有的行医，也有的经商，对当地的发展贡献很大，当地土人称之为"老吕家"，求师问学都趋找吕家人。其他犯官被发配流放来边疆的，也都会去吕家拜访。所以，当地土人也都不敢轻视吕家，吕氏后裔也未尝自屈自贱。而且族属日繁，衍为大户，且多名人。如吕留良玄孙吕景儒在当地成为一代名医。据史料记载，齐齐哈尔城有一年发生瘟疫，是吕景儒配制药物投入井中解毒，才控制了疫情，救了很多人的性命。也就是在那个年代，吕景儒筹集资金在齐齐哈尔建造了用于祭祀先祖的吕氏宗祠和供居住的吕氏大宅。吕氏后裔，以获罪流放遣戍之身，而能够卓然自立，为祖国边疆的文化教育和开发建设作出贡献，还是很了不起的。

另外，在吕留良的遗骨被从坟墓中挖出戮尸枭示之前，为清除吕留良著述的影响，雍正还命大学士朱轼等编撰了《驳吕留良〈四书讲义〉》，对吕氏的《四书讲义》逐条批驳，成书予以刊刻，颁布于学官。雍正在上谕中强调这样做是为了"俾远近寡识之士子，不致溺于邪说"。对于吕留良的诗文存留问题，当时朝中大臣曾经奏请禁毁，但雍正认为："毁之未必能尽，即毁之绝无遗留，天下后世更何所据以辨其道学之真伪乎?"因此下谕令"吕留良诗文书籍不必销毁"。但到了乾隆朝修《四库全书》时,曾多次下令禁毁违碍书籍,四库馆臣遵旨拟定了《查办违碍书籍条规》,其中明确规定吕留良"狂悖已极",其著作"应逐细查明,概行毁弃","其散见他部者断不容稍有存留",因此"除其自著之书,具应销毁外,若各书内有载入其议论,选及其诗词者",也必须"将书内所引各条,签明抽毁,于原板内铲除"。这显然是与雍正滥行文字狱对吕留良定的罪名有关。从此之后,直到清朝被推翻之前,吕留良的著述便长期不能得到公开流传。

第 8 章

影响与评价

在明末清初的学界，吕留良始终是一个颇具争议的人物。推崇者以其为程朱理学的大功之人，倍加称扬，甚至尊他为"东海夫子"。贬斥者将他视为时文选手，对他的尊朱辟王则斥为狂妄。尤其是在雍正朝发生曾静反清案后，牵连起吕留良文字大狱，一时人心惶惧，一般士人噤若寒蝉，渐渐地吕留良不再被人称道。但他的思想影响却不是可以完全消除和抹杀的。

清初理学名家巨擘

吕留良的思想与著述，在清初的学术思想界有重要地位和影响。与他同时代的学者王宏撰曾把他对朱熹理学的提倡，与顾炎武之于经学、毛奇龄之于音韵、顾祖禹之于地理、梅文鼎之于历数，相提并论，认为"近时崇正学，尊先儒，有功于世道人心者，吕晚村也"。当时泰州的学者张符骧推崇吕留良："独以为朱子而后，传圣人之道者，惟先生一人。"桐城派学者，也就是在雍正十二年（1734），因刻印吕氏讲义并作序言而被逮入狱的孙学颜（人称麻山先生）也认为"宋五子后，以儒者之言发挥圣贤经训，俾斯文丕变，彝伦不至于终败者，功莫盛于东海晚村先生"。他们都把吕留良看作直接承继朱熹理学道统的重要人物。张符骧还在他为吕留良写的《吕晚村先生事状》中指出："先生当否塞之后，大声疾呼以觉一世，如执瞽者而予之以杖，天下学者亦渐晓然，知紫阳、姚江之是非判然如冰炭之不相入，世皆以归先生闲辟之功焉。"张符骧还强调："近来人心风俗俱坏，匪直文字一事，凡先生之言，旁涉世故人品，皆今日膏肓之药。"另有一些学者如李文照也指出："紫阳之学，六传以及方侯成，遭靖之变，而其统遂绝，河汾崛起，曲高和寡，而陈公甫、王伯安遂鼓偏执之说以乱之，学士大夫从风而靡，虽胡振斋、罗整庵力加攻诋，义甚正而力或未之逮也。至吕晚村氏，始大声疾呼，以号于一世……率其同志，精思力究，南方风气，为之一变。"具体说明了吕留良尊朱

176

辟王所起的扭转当时士风的作用。

稍后于吕留良的著名文学家、桐城派奠基人戴名世（人称南山先生）也曾评价说："吾读吕氏书，而叹其维挽风气，力砥狂澜，其功不可没也。"又说："二十余年以来，家诵程朱之书，人知伪体之辨，实自吕氏倡之。"这充分说明了吕留良在提倡朱学方面的先导作用。邵阳的车鼎丰不仅收藏了许多吕留良的著作，还辑录刊刻了《吕子评语正编》，他指出："晚村吕子出，痛圣学之将淹，悯人心之陷溺，购刊遗书，广播寓内……而朱子之学始较然复明于世。"高度评价了吕留良对于传播朱学、发扬朱学所作出的贡献。

陆陇其是清初著名的理学家，而且是清代第一个随皇帝祀孔庙的理学名臣，他在回忆自己的治学道路时，曾经满怀深情地说明吕留良对他的影响，说："陇其不敏，四十以前，亦尝反复于程朱之书，粗知其梗概，继而纵观诸家语录，糠秕杂陈，珷玞并列，反生淆惑。壬子（康熙十一年）、癸丑（康熙十二年），始遇先生，从容指示，我志始坚，不可复变。"他还在给吕留良长子吕公忠的信中说："不佞服膺尊公先生之学，有如饥渴"，"惟到处劝人读尊公书"。十分推崇吕留良。他还在为吕留良所作的祭文中称颂吕留良的学术功绩，认为："自嘉隆以来，阳儒阴释之学起，中于人心，形于政事，流于风俗，百病杂兴，莫可救药。先生出而破其藩，拔其根，勇于贲育。"他把吕留良比作古代的孟贲、夏育二位勇士，对其在明末清初尊朱辟王的奋勇之举大加赞扬。

而且，后世学者对吕留良在理学上的贡献也多有赞誉。杨瑄指出："晚村之所以传先而贻后者：精深浩博，而非忠孝名节之士粗识其大经大法者识所可到；纯粹无疵，而非禅释诐邪之见徒恃其一知半解之所得闻。"沈廷芳是乾隆元年（1736）举博学鸿词，官至山东按察使，他对吕留良评价道："朱陆异同之辨，几如筑室道旁，迄无定论。先生悯焉，于是大声疾呼，慨然以斯道为己任，是非邪正，一以朱子为归。今之学者，不啻拨云雾而睹青天矣。"认为吕留良有为当时及后世学者指点迷津、拨云见日的大功劳。齐周华认为吕留良"其书能阐发圣贤精蕴"。清代著名经学家阮元也评说吕留良的著作："凡阐发奥义，翻驳常说，实能于圣贤心事曲曲传达……其所著作皆具大手笔，于世道人心煞有关系。"并且说他读了吕留良的书之后，"所有胸中疑团，豁然开悟。阅其书，知非积学功深，必不能然。……展诵之下，心为之折"。说明吕留良的理学见地和发明朱子义理定然有其特别之处，有值得关注的价值。

晚清以降，文网稍宽，随着吕留良一些著作的重新发现和流传，一些学者对吕氏也表示出崇敬赞誉之情。如著名诗人、政治家、实业家言敦源收集到《何求老人残稿》，不仅将书稿付排印，还亲作《何求老人残稿弁言》及《何求老人传》，其中说道："老人（吕留良）生长名门，沈酣道义，自少至老，一宗朱子，于儒释是非之界，辨别至严……其辟邪卫道，斥远二氏，勇矣哉！"另有著名诗人、书法家钱振锽整理刻印了木活字本《晚村先生文集》，并撰写序文说："晚村先生，专主程朱，而严斥陆王者也。夫程朱陆王之是非，仆不敏，不足以知之，而独以为晚村先生有大功于天下，何也？……先生崛起于明季，人心风俗既坏之后，而毅然以发明程朱之义为己任，正言厉色以警救世之学者，赫赫如秋阳之燥万物，虩虩如震雷之殛阴邪，非至诚救世者不能如此。"还强调说："然而守程朱之学之严无若先生者，清献（陆陇其）近之矣，犹未若先生之峻也。然则道学之有功于本朝，吾必以先生为之首焉。"他将吕留良视为有功于清朝道学的第一人。晚清著名革命家和学者刘师培曾写诗说吕留良"文祸早偕胡戴著，儒名犹工陆张齐"，以吕留良、陆陇其、张履祥及劳麟书为清初四大儒。现代著名学者、历史学家钱穆先生对吕留良也十分重视和推崇，他认为："晚村推奉朱子，实有创见，卓然流辈之上，为有清一代讲朱学者别开生面。"还分析说："其发明朱子义理诚有极俊伟谓他家所未及者，而尤在其政论。""然则晚村之阐朱学，其意在发挥民族精神以不屈膝仕外姓为主。实非康雍以下清儒之仰窥朝廷意旨，以尊朱辟王为梯荣捷径者所获梦想于万一也。"而且，钱穆将吕留良的《四书讲义》与黄宗羲的《明夷待访录》、顾炎武的《日知录》相列并提，评价吕留良："自朱子卒至是四百余年，服膺朱子而阐发其学者众矣，然未有巨眼深心用思及此者。""然则晚村良不愧清初讲朱学一大师，于晦庵（朱熹）门墙无玷其光荣。"认为吕留良是清初理学大家。

就影响力而言，按照目前学术界的一般看法，黄宗羲是清初两浙地区最具影响力的学者。但是揆之史实，这与当时实际情况并不完全符合，吕留良的影响力同样不逊于黄宗羲。吕公忠在为乃父作的《行略》中说道："学者与先君游，经文治事随其浅深无不各有所得，负笈担簏，不远千里，遐陬荒裔之士或有设位遥拜名弟子者，天下方翕然以为有所依归……"孙学颜曾说道："度今海内有志之士，欲由先生之言以窥圣学之阃奥者，已莫不家传户诵之矣。"都充分说明当时吕留良的学说影响的深广，也说明吕留良的理学思想在当时仍有相当大的感召力。

后来，由于雍正、乾隆滥行文字狱，吕留良的著作一再被禁毁，所以吕留良逐渐不为人所知，但其影响并未消除。直到晚清辛亥革命时期，他的思想与著述仍是反清革命志士的思想武器。清末民初民主革命家、思想家、著名学者章太炎，在谈到自己走上反清革命道路时就说，他在十几岁时读到《东华录》中记载有关吕留良的事迹，勃发了反清之念。他在《革命军序》中又说："自乾隆以后，尚有吕留良、曾静、齐周华等，振正义以震聋俗，自尔遂寂寞无所闻"，而且说，他之所以与蔡元培组织光复会，就是要"为浙父老雪耻"，"总之不离吕留良……之旧域也"。从中足见吕留良思想的影响。

总之，吕留良不愧是清初颇有重要影响的思想家。清代著名的考据学家阎若璩甚至将其评价为清初的"十二圣人之一"。吕留良当时在某些方面的作用和影响，的确并不亚于王夫之、顾炎武、黄宗羲、傅山、陈确等人。

苦节文人众说褒贬

吕留良独特的人生经历和耿介狂狷的性格也招来了褒贬不一的评说。吕公忠所作的《行略》中称："先君生而孤露，长而患难，壮而风尘，及其晚也，方思寤歌泉石，而悲天悯人之意与逃名避祸之心，两者未尝一日去于其怀，素所负志甚远大，既而生不逢时，乃一以著书立言为己任，自孳孳兀兀，不自暇逸。"吕留良一生经历明清朝代更迭，参加了抗清义师，兵败回乡后却又参加了清廷的科举考试，成为秀才。而到三十八岁时，突然又弃去了功名，坚持做了明王朝的遗民，终老誓不与清廷合作。而他虽无心功名，却又是当时著名的时文评选家，长时间从事时文评选的工作，他点评的时文本子成了当时应考的士子们争购的对象。他交游广泛，但又与一些友人时有罅隙，与黄宗羲甚至由相知而反目，黄宗羲以为"一时风尚，大抵涂毒鼓声，不止石门一狂子而已也"。"石门一狂子"即指的是吕留良。吕留良博学多才，能文会诗，还通晓医道。有人评价吕留良"其文似朱熹，翻澜不已，善于说理；诗学杨万里、陈师道，深精明白"。有人说吕留良"以诗文论，诚（黄）宗羲劲敌，唯史学不如"。吕留良在弃去诸生后，曾悬壶济世近十年，名声颇大，"远近复争求之"，曾注有《医贯》，并有《东庄医案》传世。但乾隆朝的名医、曾两次应诏晋京治病的徐大椿，论及吕氏之医学，却说"晚村吕氏，负一时之盛名。当世信其学术而并信其医，彼以为是谁敢曰非！""天下之人又因信律师选时文，讲性理之故而并信其医。"甚至尖锐地批评说："吕之造孽更无穷。"而实际上，吕留良在康熙七年他四十岁时就开始谢去医事不为了。

对吕留良褒贬的焦点主要在两个问题上，一个是他评选时文，一个是他做遗民却又曾经参加清廷的科举考试。

贬斥者将吕留良视为时文选手，根本不是什么真正的学问大家。黄宗羲、万季野就鄙薄吕留良，说他做的是"纸尾之学"。追随黄宗羲的全祖望则称吕氏做的学问是"时文批尾"之学，"陷溺人心"，认为石门之学"一败涂地"。雍正帝在雍正九年（1731）十二月十六日的上谕中也说："逆贼吕留良以批评时艺，托名讲学，海内士子，尊崇其著述，非一日矣。"谩骂逆贼，蛊惑士子，但从反面倒是印证了吕留良学说在当时的影响之大。又另有谕旨说吕留良"不过盗袭古人之绪余，以肆其狂诞空浮之论"。《大义觉迷录》中记载曾静的供词说："若吕留良……到中年只以批评文字遂得窥探程朱之奥。"后世张千里在评吕留良《答叶静远书》中说道："……又不甘仅为时文选手，故假讲学以博名，借时文以取利。"认为吕留良只不过是追求名利的庸俗之人。

纪昀、袁枚、赵之谦等对吕留良评选时文都持批评贬斥的态度。清代中期以后，由于曾静案发，吕留良的许多著作被毁，而且谈论吕留良也成为当时的禁忌。因此，对吕留良学术思想的评价也就多持贬义，很多不实之论沿留下来，例如本书前章所述，全祖望关于吕留良与黄宗羲的过从关系的说法就显然是有偏袒黄宗羲之嫌，多门户之见，而且全祖望的影响直到近代。所以梁启超会认为，吕留良和戴名世"都像不过是帖括家或古文家，不见得有很精深学问"。

不过，对吕留良的评选时文，也有很多褒扬肯定的声音。与吕留良同时代的陈祖法就指出，吕留良"其大者在扶正道于将坠，阐微言之绝学，特于制艺中晰毫厘而抉精髓"。而且如吕留良的知音一般，陈祖法并不认为吕氏仅是评选时文为科举而已，他曾说："于选政中见君一轮评骘，知非斤斤以文章士自命也。"陆陇其也说："尊公（吕留良）辟邪崇正之学，悲时悯世之心，主于随事指点，故往往散见于时文之评。"车鼎丰更是明确指出："吕子之说大约散见于时文评语。评文实皆所以明道。""于时文评语中，辄为之厘正是非，大声疾呼，以震醒聋聩。"孙学颜也指出："宋五子后……功莫盛于东海晚村先生，而先生之言，见于评骘时文中者……"都说明吕留良评选时文是有他的良苦用心的。

　　后来戴名世还对比分析了吕留良的时文评选与一般的选家的不同，认为吕氏之书是有深心厚意的，他说："近日吕氏之书，盛行于天下，不减艾氏。其为学者分别邪正，讲述指归，由俗儒之讲章，而推而溯之，至于程朱之所论著；由制义而上之，至于古文之波澜意度；虽不能一尽与古人比合，而摧陷廓清，实有与艾氏相为颉颃者。"还有，在吕留良文字狱案中，为吕氏鸣不平而被秘密杀害的唐孙镐认为吕留良的时文评点是大有价值的，他说："《讲义》一书，阐扬圣道，至精且详……至其生平著作，若《讲义》、若《语录》，与夫评选两朝制艺，反覆辩论，义理透彻，直能窥圣贤之堂奥，兼可启后世之颛蒙，此其功也。"揭示了吕留良的时文批点在阐发圣学义理、启发后学上的功劳。

另外，被称为晚清"第一名臣"的曾国藩推崇留良的时文"皆有最盛之气势"。清末状元张謇十四岁时读吕留良所评八股文，后来他在《吕晚村墨迹跋》中写道："读晚村批评之制艺，义本朱子，绳尺极严，不少假贷，缘此于制举业稍睹正轨。"

也都谈到吕氏批点的八股时文的价值。

近代章太炎对吕留良的时文评选的活动比较能够客观地看待，一方面指出"或视用晦为坊肆评选之士，则不知用晦者"，澄清人们对吕留良的误解；另一方面又指出"其选录时文，盖亦为营业计"，"且以其易传播，使人渐知有天盖楼书耳"，并说明吕留良以评时文的方式来传播自己的思想可能带来的负面影响就是"则人亦徒知其为科举之俊也"。章太炎的分析是比较合理的。钱穆先生在他的《中国近三百年学术史》中也指出："晚村以发明朱学为务，而其入手用力，则以批点八股文为主。"并说："然则晚村以八股文明道之苦心，要亦未可轻讥矣。"揭示出吕留良批选八股文的深刻用意。还指出：谢山（全祖望）谓"石门之学一败涂地"，正是石门（吕留良）有价值处。容肇祖先生评价吕留良"而却要从八股批评里，作提倡朱学的运动，要廓清不合于朱学的讲章，这是很有见解的"。充分肯定了吕留良的时文评选的意义。

而对于吕留良的为人志节，尤其是先抗清后又入科场，再后来弃去功名，几次力辞举荐征召，最后削发为僧，隐居乡里，这样复杂曲折的人生经历难免引起人们的各种议论和评说。素称清代经学之祖的顾炎武就称"留良为一代豪杰之胤"。张符骧在《吕晚村先生事状》中曾经说道："而负途之豕，往往害先生之洁身浣行而仇之谰诋无状，天下皆怪叹其为人，而于先生究无损也。"都对吕留良为人清俊高洁表示赞赏。但是清世宗雍正帝却正是抓住吕留良的身世经历进行批评，他在发出的上谕中说："逆贼吕留良自附明代仪宾之后，追思旧国，愤懑诋讥……是吕留良于明毫无痛痒之关，其本心何曾有高尚之节也。"又说："吕留良之恣为狂吠，坐致盛名，兼拥厚赀，曾无纤芥之患，得婴其身，是以转相推服，转相慕效，多被愚迷而不知也。"还在《大义觉迷录》中指责他："于顺治年间应试，得为诸生，嗣经岁科屡试，以其浮薄之才，每居高等，盗窃虚名，夸荣乡里……按其岁月，吕留良身为本朝诸生十余年之久矣，乃始幡然易虑，忽号为明之遗民。千古悖逆反复之人，有如是之怪诞无耻，可嗤可鄙者乎?"朝廷功令，皇帝金口，后世臣民也就遵循了这一论调，如乾隆朝著名的大学士纪昀就说："留良之罪，在明亡以后，既不能首阳一饿，追迹夷齐；又不能戢影逃名，鸿冥世外，如真山民之比。乃青衿应试，身列胶庠。其子葆中，亦高掇科名，以第二人入翰苑。则久食周粟，断不能自比殷顽，何得肆作谤书，荧惑黔首，诡托于桀犬之吠尧。"认为吕留良为人"首鼠两端，进退无据，实狡黠反覆之尤"，毫无志节可言。

我们考察吕留良生平事迹，可以看到他的志行坚苦，悲愤祖国沦亡，耻为遗民没世，却又在新的王朝统治日趋稳固安定的环境下，有他的无可奈何。蔡元培先生曾撰有一联概括吕留良一生的业绩风范：

> 为民族争存，碎尸无憾；
>
> 以文章报国，没世勿谖。

附录

年　谱

1629年（崇祯二年）　正月二十一日，生于浙江嘉兴府崇德
　　　县登仙坊之里第。

1638年（崇祯十一年）　吕愿良举澄社。

1639年（崇祯十二年）　吕愿良应征北上，澄社不复征会
　　　四方。

1641年（崇祯十四年）　孙爽等人为征书社，吕留良加入。
　　　结识陆文霦。

1642年（崇祯十五年）　征书社始选文行世。遇黄宗炎、宗
　　　会兄弟。

1645年（安宗弘光元年）　四月，清兵攻陷扬州，史可法
　　　被杀。

1647年（昭宗永历元年）　三月，留良侄儿宣忠殉难杭州。

1652年（顺治九年）　夏，购《朱子语类》。

1653年（顺治十年）　参加清廷考试，为邑诸生。

1655年（顺治十二年） 冬，与陆文霦同事房选。

1657年（顺治十四年） 倡社崇德，数郡毕至。

1658年（顺治十五年） 仍与陆文霦从事评选时文。

1660年（顺治十七年） 夏，陆文霦为留良所作《惭书》作序，黄周星也为之作序。和诸友相约卖艺，作《卖艺文》。

1661年（顺治十八年） 到常熟访钱谦益，钱谦益时年八十岁。谢去社集坊选，在家课子侄读书。

1666年（康熙五年） 弃去诸生。与黄宗羲购澹生堂祁氏藏书。留良得三千余册。黄宗羲仍然在吕家任教。

1667年（康熙六年） 黄宗羲不再在吕家任教。

1668年（康熙七年） 始谢去医事。

1669年（康熙八年） 张履祥到吕家任教。

1670年（康熙九年） 高旦中卒。留良葬高旦中。

1671年（康熙十年） 行医至南京，并奔走各地。

1672年（康熙十一年） 为避修志书，出游。张履祥写信给留良，劝阻批选时文。

1673年（康熙十二年） 春，为搜集书籍出游，至南京。并以所刻书发售。归里后，移居南阳村庄。

1674年（康熙十三年） 不复评选时文。

1676年（康熙十五年） 留良所刻书在南京书坊寄售。留良命长子公忠去南京经营书局。

1678年（康熙十七年） 作《戊午一日示诸子》。买得妙山，
居山中两月才返家。清廷有诏举博学鸿儒，浙江欲荐
留良，固辞得免。

1680年（康熙十九年） 清廷有山林隐逸之举。地方官又荐
留良。遂削发为僧。筑风雨庵于妙山上居住。

1681年（康熙二十年） 建成观稼楼。

1683年（康熙二十二年） 赋《祈死诗》六首。作《遗令》，
八月十三日，卒，享年五十五岁。

主 要 著 作

1.《吕晚村先生文集》八卷，附行略一卷，《续集》四
卷，雍正三年天盖楼刻本。

2.陈鏦编：《吕晚村先生四书讲义》四十三卷，康熙
二十五年天盖楼刻本。

3.周在延辑：《天盖楼四书语录》四十六卷，康熙
二十三年金陵玉堂刻本。

4.《吕晚村先生古文》两卷。康熙五十九年小濂溪，山
房刻本。

5.陈鏦编：《晚村天盖楼偶评》六卷，康熙十二年刻本。

6.车鼎丰辑：《晚村吕子评语正编》四十二卷，首一卷附亲炙录一卷；《余编》八卷，首一卷附亲炙录一卷，康熙五十五年顾麟趾刻本。

7.《吕晚村先生论文汇钞》，康熙五十三年吕氏家塾刻本。

8.《吕晚村先生家训真迹》五卷，康熙四十二年刻本。

9.《晚村惭书》一卷，顺治刻本。

10.《何求老人残稿》八卷，《释略》一卷，清抄本。

11.《东庄吟稿》七卷，风雨楼丛书本。

12.《东庄诗存》六卷，神州国光社排印本。

13.吕葆中批点：《晚村先生八家古文精选》八卷，康熙四十三年吕氏家塾刻本。

14.张履祥、吕留良辑：《四书朱子语类摘抄》三十八卷，康熙四十年南阳讲习堂刻本。

15.吕留良、吴之振、吴自牧合编：《宋诗抄初集》，康熙十年吴氏鉴古堂刻本。

16.《吕晚村墨迹》，商务印书馆影印吴氏家藏本。

17.《东庄医案》一卷，科技卫生出版社，1959 年。

18.《赵氏医贯评》六卷，顺治刻本。